Mário Mascarenhas

O MELHOR DA MÚSICA POPULAR BRASILEIRA

com cifras para: piano, órgão, violão e acordeon

100 sucessos

VOL. VIII

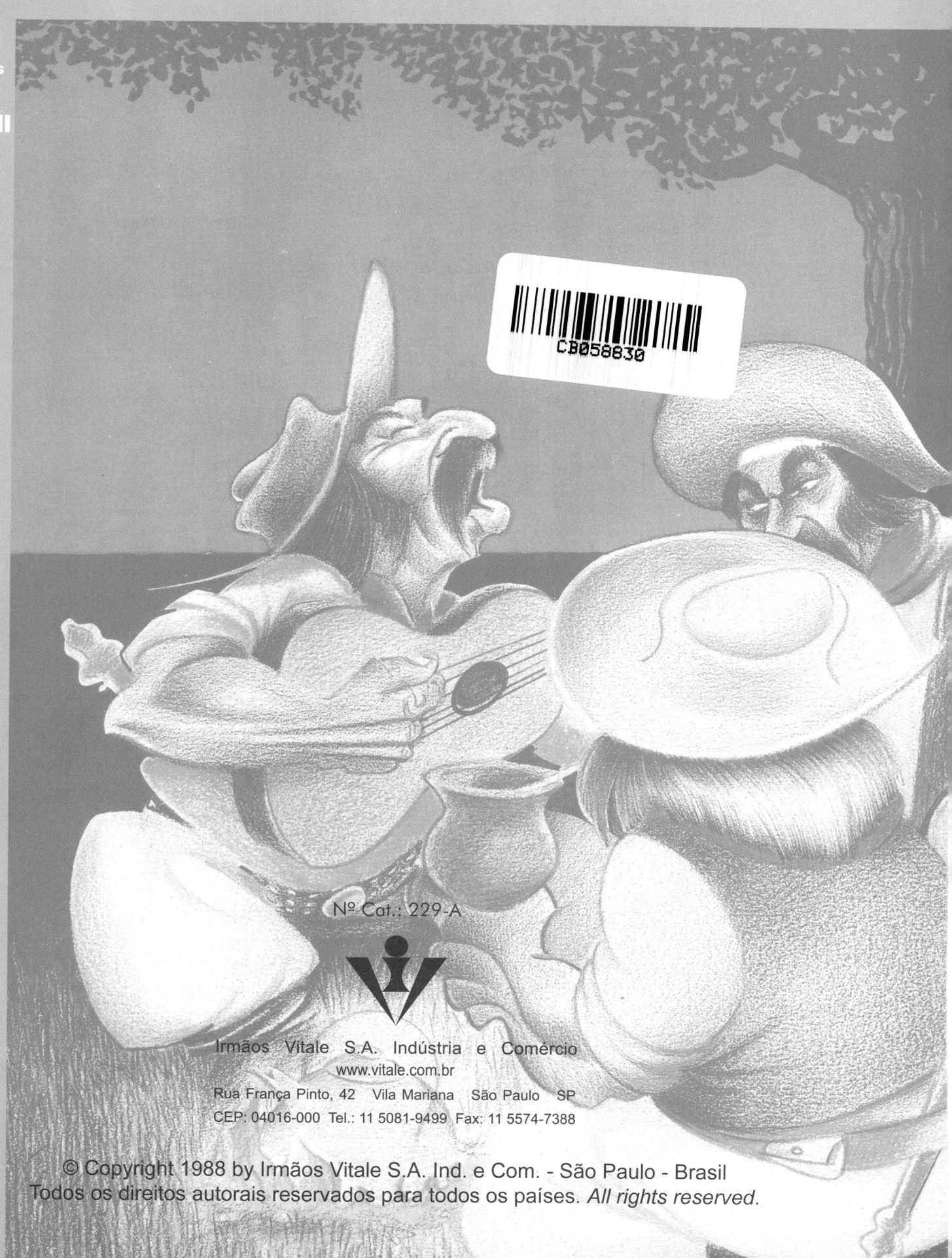

Nº Cat.: 229-A

Irmãos Vitale S.A. Indústria e Comércio
www.vitale.com.br
Rua França Pinto, 42 Vila Mariana São Paulo SP
CEP: 04016-000 Tel.: 11 5081-9499 Fax: 11 5574-7388

© Copyright 1988 by Irmãos Vitale S.A. Ind. e Com. - São Paulo - Brasil
Todos os direitos autorais reservados órgão todos os países. *All rights reserved.*

DADOS INTERNACIONAIS DE CATALOGAÇÃO NA PUBLICAÇÃO (CIP)
(Câmara Brasileira do Livro, SP, Brasil)

Mascarenhas, Mário
O Melhor da Música Popular Brasileira : com cifras para piano, órgão, violão e acordeon
8º Volume / Mário Mascarenhas – 2º Edição – São Paulo : Irmãos Vitale

ISBN 85-85188-26-X
ISBN 978-85-85188-26-9

1. Música – estudo e ensino
2. Música popular (canções etc.) – Brasil
3. Piano – estudo e ensino
4. Órgão – estudo e ensino
5. Violão – estudo e ensino
6. Acordeon – estudo e ensino
   I. Título

96-3740　　　　　　　　　　　　　　　　　　　　　　　　　CDD-780.42098107

Índices para catálogo sistemático:

1. Música Popular Brasileira: estudo e ensino　　780.42098107

Mário Mascarenhas

Mário Mascarenhas é o autor desta magnífica enciclopédia musical, que por certo irá encantar não só os músicos brasileiros como também os músicos de todo mundo, com estas verdadeiras e imortais obras primas de nossa música.

Ilustração original da capa - LAN

PREFÁCIO

Como um colar de pérolas, diamantes, safiras, esmeraldas, o Professor Mário Mascarenhas junta, nesta obra, as verdadeiras e imortais obras primas da Música Popular Brasileira, em arranjos para piano mas que também podem ser executados por órgão, violão e acordeon. A harmonização foi feita com encadeamento moderno de acordes.

Quando se escrever a verdadeira História da Música Popular Brasileira, um capítulo terá de ser reservado a Mário Mascarenhas. Em todo o seu trabalho ele só tem pensado na música popular do seu país. Horas a fio pesquisando, trabalhando, escrevendo música, ele se tornou o verdadeiro defensor de nossos ritmos, consagrando-se em todas as obras que já editou de nossa cultura musical.

A coleção, "O MELHOR DA MÚSICA POPULAR BRASILEIRA", compõe-se de 10 volumes contendo cada um 100 sucessos ocorridos nos últimos 60 anos, mostrando tudo o que se compôs no terreno popular desde 1920. Esta extraordinária coleção, contém, no seu total, 1000 músicas populares brasileiras.

A Editora Vitale, que agradece a colaboração das editoras que se fizeram presentes nesta obra, escolheu o Professor Mário Mascarenhas, não só pelo seu extraordinário talento musical demonstrado há mais de quarenta anos, como, também, pela excelência de seus arranjos e pela qualidade que ele imprime ao trabalho que realiza. São arranjos modernos, o que prova a atualidade do Professor, à sua percepção do momento, porque, para ele, os anos se foram apenas no calendário. Mário Mascarenhas continua jovem com seu trabalho, dentro de todos os padrões musicais em melodias que já passaram e de outras que ainda estão presentes.

Mascarenhas diz que o samba, com seu ritmo sincopado e exótico que circula em nosso sangue, atravessa nossas fronteiras e vai encantar outros povos, com sua cadência e ginga deliciosas. E a música popular brasileira, no seu entender é a alma do povo que traduz o nosso passado através dos seus ritmos sincopados, que herdamos dos cantos langorosos dos escravos trazidos em navios-negreiros, com seus batuques, lundus, maracatus, congadas, tocados e cantados nas senzalas.

Nossa Música Popular se origina também dos cantos guerreiros e danças místicas de nossos índios e principalmente na música portuguesa transmitida pelos jesuítas e colonizadores, como sejam as cantigas de roda, fados e modinhas falando de amor.

Diz ainda o Professor Mascarenhas que a nossa música popular é inspirada também nas valsas, quadrilhas, xotes, marchas e polcas, dançadas pelas donzelas de anquinhas, tudo como se fosse uma exposição de quadros de Debret, pintados com palheta multicor de tintas sonoras.

Hoje, cada vez mais incrustada em nosso sangue, a nova Música Popular Brasileira surge modernizada, com roupagem, estrutura e forma, criados por inúmeros compositores atuais, alicerçados, porém nas velhas raízes populareskas. Os arranjos foram feitos especialmente para esta obra.

A Editora Vitale tem, portanto, orgulho de apresentar "O Melhor da Música Popular Brasileira" em um trabalho do Professor Mário Mascarenhas. Agradecimentos a todos os autores e todas as editoras que vieram colaborar nesta autêntica enciclopédia musical, a primeira que é apresentada no Brasil.

Everardo Guilhon

HOMENAGEM

Dedico esta obra, como uma "Homenagem Póstuma", ao grande incentivador de nossa Música Popular Brasileira, o Snr. Emílio Vitale.

AGRADECIMENTOS

Com o mais alto entusiasmo, agradeço aos meus grandes amigos que colaboraram com tanta eficiência, trabalho e carinho nos arranjos desta obra.

Foram eles: Thomaz Verna, diretor do Departamento Editorial de Irmãos Vitale, a Pianista Professora Belmira Cardoso, o conceituado Maestro José Pereira dos Santos e o notável Maestro e Arranjador Ely Arcoverde.

Numa admirável comunhão de idéias, cada um demonstrou sua competência e entusiasmo, compreendendo o meu pensamento e a minha ânsia de acertar e de realizar este difícil trabalho em pról de nossa Música Popular Brasileira.

À FERNANDO VITALE

Ao terminar esta obra, empolgado pela beleza e variedade das peças, as quais são o que há de melhor de nosso Cancioneiro Popular, deixo aqui minhas palavras de congratulações ao Fernando Vitale, idealizador desta coleção.

Além de me incentivar a elaborar este importante e grande trabalho, Fernando Vitale, foi verdadeiramente dinâmico e entusiasta, não poupando esforços para que tudo se realizasse com esmero e arte.

Ele idealizou e realizou, prevendo que esta coleção seria de grande utilidade para os amantes de nossa Maravilhosa Música Popular Brasileira.

À LARRIBEL E M.º MOACYR SILVA

Aos amigos Larribel, funcionário de Irmãos Vitale e M.º Moacyr Silva, meus agradecimentos pelo imenso trabalho que tiveram na escolha e seleção conscienciosa das peças.

ÀS EDITORAS DE MÚSICA

Não fôra a cooperação e o espírito de solidariedade de todas as EDITORAS, autorizando a inclusão de suas belas e imortais páginas de nossa música, esta obra não seria completa.

Mário Mascarenhas

Índice

	Pág.
A LENDA DO ABAETÉ - Canção - Dorival Caymmi	83
A LUA E EU - Balada - Cassiano e Paulinho Motoka	154
A VOLTA - Roberto Menescal e Ronaldo Boscoli	138
ADOCICA - Lambada - Beto Barbosa	273
AGUENTA CORAÇÃO - Prêntice, Ed Wilson e Paulo Sergio Valle	142
AI! QUE SAUDADES DA AMÉLIA - Samba - Ataulfo Alves e Mário Lago	95
AMANHÃ - Guilherme Arantes	19
AMÉRICA DO SUL - Jovem - Paulo Machado	275
ANTES QUE SEJA TARDE - Samba - Ivan Lins e Vitor Martins	234
AZULÃO - Canção - Jaime Ovalle	54
BACHIANAS BRASILEIRAS nº 4 - Prelúdio - H. Villa Lobos	285
BAHIA COM H - Samba - Denis Brean	247
BANDOLINS - Oswaldo Montenegro	268
BANHO DE CHEIRO - Carlos Fernando	128
BEATRIZ - Chico Buarque e Edu Lobo	228
BOI BUMBÁ - Batuque - Waldemar Henrique	48
CAIS - Milton Nascimento e Ronaldo Bastos	148
CANÇÃO DA CRIANÇA - Valsa - F. Alves e Renê Bittencourt	116
CANÇÃO DO AMOR DEMAIS - Valsa - Vinicius de Moraes e Antonio C. Jobim	160
CODINOME BEIJA-FLOR - R. Arias, Cazuza e Ezequiel Neves	225
COM MAIS DE 30 - Marcos Valle e Paulo Sergio Valle	156
COMUNHÃO - Milton Nascimento e Fernando Brant	101
CORAÇÃO DE PAPEL - Sergio Reis	77
DANÇANDO LAMBADA - José Maria	113
DESABAFO - Roberto Carlos e Erasmo Carlos	80
DESESPERAR JAMAIS - Samba - Ivan Lins e Vitor Martins	37
DISPARADA - Théo e Geraldo Vandré	202
DONA - Sá e Guarabyra	190
EGO - Balanço - Frankye Arduine e Arnaldo Saccomani	186
ESMOLA - Samba Canção - João Roberto Kelly	62
ESPANHOLA - Balada - Guarabyra e Flavio Venturini	13
ESPINHA DE BACALHAU - Choro - Severino Araujo	40
ETERNAS ONDAS - Zé Ramalho	222
EU DEI - Marcha - Ary Barroso	259
EU NÃO EXISTO SEM VOCÊ - Samba Canção - V. Moraes e A. C. Jobim	56
FACEIRA - Samba - Ary Barroso	50
FÃ Nº 1 - Guilherme Arantes	60
FANATISMO - Fagner e Flor Bela Espanca	43
FARINHADA - Baião - Zédantas	130
FELICIDADE - Lupicinio Rodrigues	**198**
FLOR DO MAL - Canção - Santos Coelho	166
FOI ASSIM - Música Jovem - Renato Corrêa e Ronaldo Corrêa	52
FORRÓ EM CARUARÚ - Rojão - Zédantas	28
FRACASSO - Samba Canção - Mario Lago	25
FUSCÃO PRETO - Jovem - Atilio Versuti e Jéca Mineiro	211
GOSTOSO DEMAIS - Dominguinhos e Nando Cordel	98
GITA - Rock - Raul Seixas e Paulo Coelho	214
HINO DO CARNAVAL BRASILEIRO - Marcha Lamartine Babo	68
ILUSÃO À TOA - Canção - Johnny Alf	158
ISTO É LÁ COM SANTO ANTÔNIO - Marcha - Lamartine Babo	132

	Pág.
JURA SECRETA - Sueli Costa e Abel Silva	277
LÁBIOS DE MEL - Toada - Waldir Rocha	271
LEVA - Michael Sullivan e Paulo Massadas	65
LINHA DO HORIZONTE - Jovem - Paraná e Paulo Sérgio Valle	200
LUA E FLOR - Oswaldo Montenegro	110
LUZ NEGRA - Samba - Nelson Cavaquinho e Amancio Cardoso	22
ME CHAMA - Lobão	134
MEIA LUA INTEIRA - Capoeira - Carlinhos Brown	182
MERGULHO - Canção - Gonzaga Junior	10
MEU QUERIDO, MEU VELHO, MEU AMIGO - R. Carlos e E. Carlos	231
MEU MUNDO E NADA MAIS - Guilherme Arantes	194
MEXERICO DA CANDINHA - Música Jovem - R. Carlos e E. Carlos	265
MUCURIPE - Canção - A. Carlos Belchior e Raimundo Fagner	140
NA BATUCADA DA VIDA - Samba-Canção - Ary Barroso	162
NA HORA DA SÊDE - Samba - Luiz Américo e Braguinha	262
NA SOMBRA DE UMA ÁRVORE - Hildon	196
NÓS QUEREMOS UMA VALSA - Nássara e Frazão	34
NUVEM DE LÁGRIMAS - Paulo Debétio e Paulinho Rezende	7
O AMANHÃ - João Sérgio	86
O HOMEM DE NAZARÉ - Cláudio Fontana	118
OLÊ - OLÁ - Samba Canção - Chico Buarque de Holanda	123
O MESTRE SALA DOS MARES - João Bosco e Aldir Blanc	178
O SAL DA TERRA - Beto Guedes e Ronaldo Bastos	104
OCEANO - Djavan	92
ONDE ESTÁ O DINHEIRO? - Marcha - José Maria, Mattoso e Barbosa	237
O XOTE DAS MENINAS - Baião - Luiz Gonzaga e Zédantas	120
PEDRO PEDREIRO - Samba - Chico Buarque de Holanda	174
PEQUENINO CÃO - Balada Pop - Caio Silva e Fausto Nilo	240
PIOR É QUE EU GOSTO - Isolda	16
PODRES PODERES - Caetano Veloso	107
QUEM AMA, NÃO ENJOA - Samba-Canção - Mário Mascarenhas	219
REALCE - Gilberto Gil	89
REVELAÇÃO - Clodô e Clesio	31
SÁBADO - José Augusto e Paulo Sérgio Valle	152
SAIGON - Feital, Cartier e Carlão	243
SAUDADE - Toada - Chrystian	71
SEM COMPROMISSO - Samba - Nelson Trigueiro e Geraldo Pereira	136
SIGA - Samba-Canção - Fernando Lobo e Helio Guimarães	144
SURURÚ NA CIDADE - Choro - Zequinha Abreu	46
TALISMÃ - Michael Sullivan e Paulo Massadas	208
TEM CAPOEIRA - Batista da Mangueira	282
TETÊ - Samba-Canção - Roberto Menescal e Ronaldo Boscoli	146
TIETA - Merengue - Paulo Debétio e Boni	170
UMA LOIRA - Samba-Canção - Hervé Cordovil	58
UMA NOVA MULHER - Balanço - Paulo Debétio e Paulinho Rezende	251
UNIVERSO NO TEU CORPO - Taiguara	150
VERDADE CHINESA - Samba - Gilson e Carlos Colla	255
VIDA DE BAILARINA - Samba-Canção - Américo Seixas e Chocolate	74
VOCÊ JÁ FOI À BAHIA? - Samba - Dorival Caymmi	126
VITORIOSA - Funk Moderado - Ivan Lins e Vitor Martins	**279**

Nuvem de lágrimas

Paulo Debétio e
Paulinho Rezende

TOM - FÁ MAIOR
F C7 F
Introdução: *F Gm F/A Bb Bb/F Gm F*

F
Há uma nuvem de lágrimas

C
Sobre os meus olhos

Cm
Dizendo prá mim que você foi embora

F   Bb
E que não demora meu pranto rolar

Bb   F
Eu tenho feito de tudo prá me convencer

G
E provar que a vida é melhor sem você

C7
Mas meu coração não se deixa enganar

F
Vivo inventando paixões

C
Prá fugir da saudade

Cm
Mas depois da cama a realidade

F   Bb
É sua ausência doendo demais

Bb   F
Dá um vazio no peito, uma coisa ruim

G
O meu corpo querendo o seu corpo em mim

C7
Vou sobrevivendo num mundo sem paz

F   G
Ah! Jeito triste de ter você

Bb   F
Longe dos olhos e dentro do meu coração

F   Gm F G
Me ensina a te esquecer

Bb   C7   F
Ou venha logo e me tira esta solidão.

Ao princípio:

F
Há uma nuvem de lágrimas, *etc.*

F   G
Ah! Jeito triste de ter você, *etc.*

Mergulho
Canção

Gonzaga Júnior

TOM — RÉ MENOR
Dm   A7   Dm

Introdução: *Dm   Em5-   A7*

Dm
No exato instante

Dm   Dm7   Em5-
No exato momento em que nós mergulhamos

A9-   Gm/Bb
É preciso entender

*   A7   A9*
Que não estamos somente matando

*   Dm Dm7   Gm Em5-*
Nossa fome   na paixão

Dm Dm7   Dm7
Pois o suor   que escorre

*   Bb7M*
Não seca, não morre

*   Gm7   Em5-*
Não pode e nem deve nunca ser em vão

E7   E9
São memórias de doce e de sal

*   E7   E9*
Nosso bem, nosso mal

*   A7   A7*
Gotas de recordação

Dm   Bb7   Dm
E é importante que nós conheçamos a fundo

Dm9   Bb7   Gm7   Em5-
E saibamos o quando nos necessitamos

A7   A9   Gm/Bb
Pois aqui eis o fim e o começo

*   A7   Dm7*
A dor e a alegria

*   Dm7   A7*
Eis a noite, eis o dia

Dm7   Am5-   D7
É a primeira vez

*   Am5-   D7   Gm*
É de novo outra vez sem ser um novamente

Gm6   A7
É o passado somado ao presente

*   Em5-   A7*
Colorindo o futuro que tanto buscamos

Gm7
Por favor

*   Em5- A7   Dm*
Compreendamos   que é o princípio

*   Bb7M   Dm*
Batendo com força em nossos corações

Em5-   A7
E é importante que nós dois saibamos

*   Am5-   D7   D9*
Que a vida está mais que nunca em nossas mãos

Gm7   Em5-   A9-
E assim, nessa hora devemos despir

*   Dm   Bb7*
Qualquer coisa que seja vaidade ou mergulho

Em5-   A7
E do modo mais franco de ser

*   Dm   Am7 Gm7 F7M EM9 DM9*
Vamos juntos no ato do nosso mergulho

Espanhola

Balada

Guarabyra e
Flavio Venturini

Repetir A para FINAL

TOM - RÉ MAIOR
D A7 D
Introdução: *A7 D A7 G/A G A7*

  G7M A F#m Bm7
  Por tantas ve - zes

 Em7 A7 G D
 Eu andei mentin - do

  G7M A F#m Bm7
  Só por não poder

 Em7 A7 G D
 Te ver choran - do.

Bis {
 G   A
 Te amo espanhola
 F#m7 Bm7
 Te amo espanhola
 G7M A7 G D
 Se for chorar te a - mo.

 D
 Sempre assim

Em7 F#m G7M
 Cai o dia e é assim

    F#m7 G7M
 Cai a noite e é assim

   Am
 Essa lua sobre mim

 Em7   A7 Em7
 Essa fruta sobre meu paladar.

 D Em7
 Nunca mais

   F#m7 G7M
 Quero ver você me olhar

    F#m G
 Sem me entender em mim

  F#m 7
 Eu preciso te falar

 Em7   A7 Em7
 Eu preciso, eu tenho que te contar.

Bis {
 G   A
 Te amo espanhola
 F#m7 Bm7
 Te amo espanhola
 G A7 G D
 Prá que chorar, te a - mo.

Pior é que eu gosto

Isolda

TOM - RÉ MAIOR
D A7 D
Introdução: Am7 Cm7 9 G7 13 Bb7 13 Am7 Ab6 G7M G7
　　　　　　D7 G7M

　　　　　D　　　　　　F#m7
　　De repente é mais uma vez
　　　　B7　　　Em7
　　Que você me procura
　　　B9-　　　Em
　　Eu nem acredito
　　　　G　　　　　　　A7
　　Esse tipo de amor, qualquer dia
　　　　　　D
　　Me leva à loucura
　　　Bm7　　Em7
　　Eu já não duvido
A7　　　Bm7
　　Eu não sei se o que eu fiz
　　　G　　　B7　　Em　Em7M
　　Foi pior do que você me fez
Em6　　A7　　　　　A
　　As palavras doeram tão fundo
　　Que eu disse prá mim
F#m7　B7　　Em7
　　É a última vez.

　　　　D　　　　　　　E#m7
　　Mas teu corpo, teu cheiro, teu gosto
　　　B7　　　Em7
　　Tem qualquer mistério
　　　B9-　　Em
　　Que mexe comigo
　　　　　G　　　　　　C#°
　　Você chega, me pega de um jeito
　　　F#7　Bm7
　　Me tira do sério
　　Bbm7　　　Am7
　　Parece um castigo.

D7　　　G7M　　　　　　Gm6
Hoje eu digo que não volto mais
　　　　D　　　　　　　Bm7
E amanhã ou depois, eu aposto
B7　　　　　　Em7
Se eu não te procurar
　　　　　　　A9-
Você vem me buscar
　　　　　　　　　D
E o pior é que eu gosto.

Em7 A13 D7　　　　　　Em7
　Não dá, você não vai mudar
　　B7　　　Em7　　　　　Em7
E se eu me aborreço não sei segurar
　　G　　　A7　　　Em7
Sei lá, se é você ou sou eu
　　　A7　　　D7M　　　　Am
Só que um sem o outro não pode ficar

D7　　　G7M　　　　　　Gm6
Hoje eu digo que não volto mais
　　　　D　　　　　　　Bm7
E amanhã ou depois, eu aposto
B7　　　　　　Em7
Se eu não te procurar
　　　　　　　A9-
Você vem me buscar
　　　　　　　　　D
E o pior é que eu gosto.

Amanhã

Guilherme Arantes

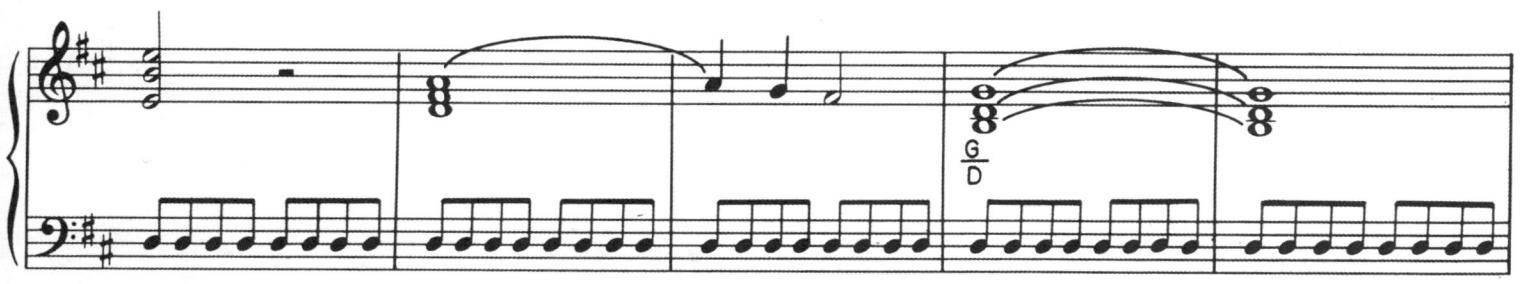
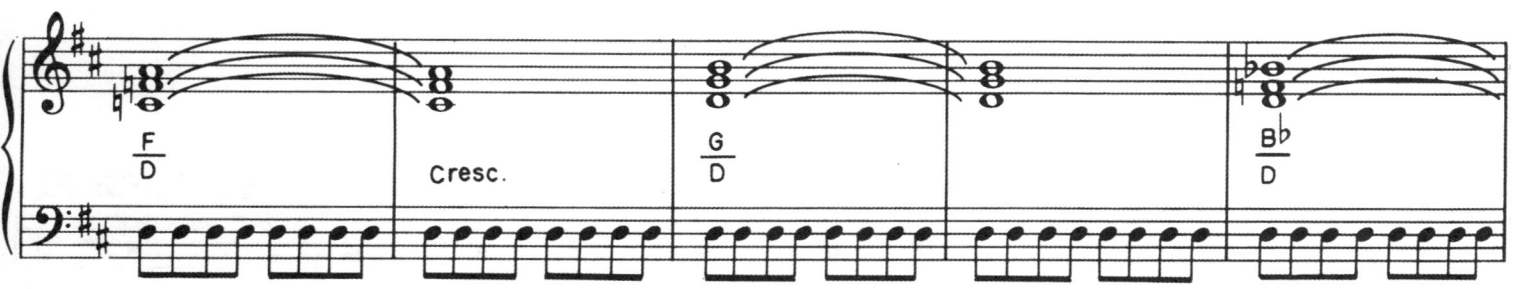
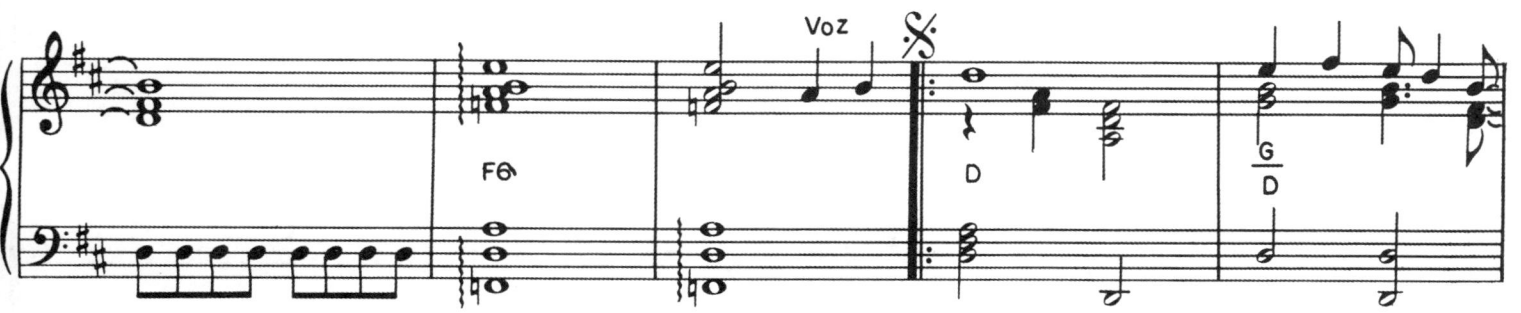

© Copyright 1977 by SIGEM SISTEMA GLOBO de EDIÇÕES MUSICAIS LTDA.
Todos os direitos autorais reservados para todos os países. All Rights Reserved.

TOM - RÉ MAIOR
D A7 D
Introdução: *D G/D B/D F67+*

       D   G   D
Amanhã será um lindo dia
              Em7
Da mais louca alegria
  Em   A7
Que se possa imaginar.

    A7 Em   C
Amanhã redobrada a força
                  A
Prá cima que não cessa
       G
Há de vingar.

       D G   D
Amanhã mais nenhum mistério
        Em7
Acima do ilusório
  Em   A7
O astro-rei vai brilhar.

       D   Em   C
Amanhã a luminosidade
                   A
Alheia a qualquer vontade
A7   G
  Há de imperar.

       D   G   D
Amanhã está todo esperança
              Em7
Por menor que pareça
  Em   A7
Existe e é prá vicejar.

    A7   C
Amanhã, apesar de hoje
                  A
Será a estrada que surge
A7   G
  Prá se trilhar.

       D G   D
Amanhã mesmo que uns não queiram
              Em7
Será de outros que esperam
   Em7   A7
Ver o dia raiar.

    A7 Em   C
Amanhã ódios aplacados
              A
Temores abrandados
A7   G
  Será pleno.

Luz negra
Samba

Nelson Cavaquinho
Amancio Cardoso

© Copyright 1964 by CRUZEIRO MUSICAL Ltda. Direitos adquiridos por EDIÇÕES INTERSONG LTDA.
All rights reserved. Todos os direitos autorais reservados.

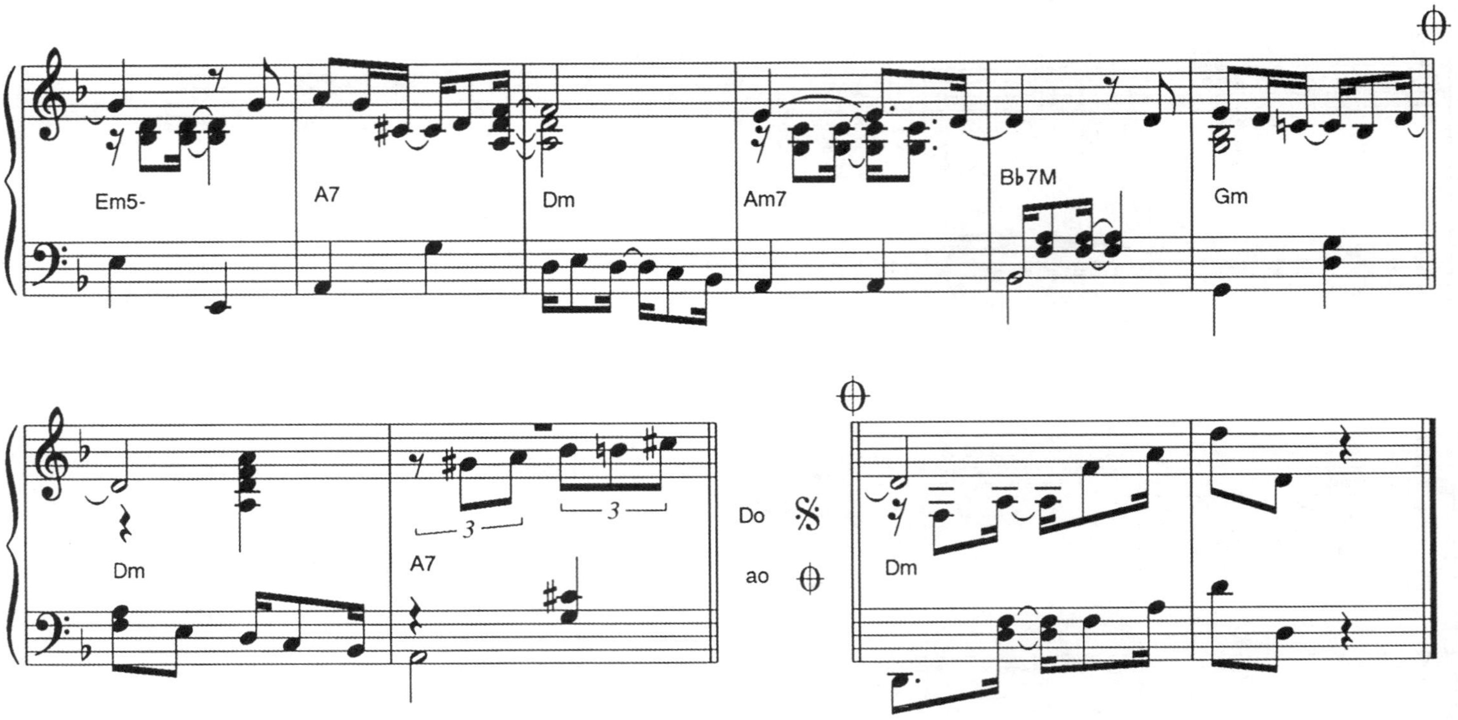

TOM — RÉ MENOR
Dm   A7   Dm

Introdução: *Dm   Em5-   A7   Dm   Bb7   Em5-   A7*

Dm   Dm7M   Dm7
Sempre só

  Gm7   F7M   Fm6   Em5-
Eu vivo procurando alguém

  A7   Dm   A7   Dm
Que sofra como eu, também.

  Dm/C   Bb   E7   A7
Mas não consigo achar ninguém

Dm   Dm7M   Dm
Sempre só...

  Gm   F7M   Fm6   Em5-
E a vida vai seguindo assim...

    A7   Dm   Am7   Bb7M
Não tenho quem tem dó de mim:

        C7   Dm   A7   Dm
Estou chegando ao fim!

       Dm/C   Gm7   C7
A luz negra de um destino cruel

Gm7   C7   F   A7   Dm
Ilumina o teatro sem cor

       Dm/C   Bm   E7   Bm4
Onde estou desempenhando o papel

     E7   A7
De palhaço do amor

        Dm   Dm7M
Sempre só...

   Gm7   F7M   Fm7   Em5-
E a vida vai seguindo assim:

    A7   Dm   Am7   Bb7M
Não tenho quem tem dó de mim:

   Gm   Dm
Estou chegando ao fim!

Fracasso
Samba-Canção

Mário Lago

TOM - DÓ MAIOR
C G7 C

Introdução: Fm Dm5- G7 Cm D7 G7 G7 Cm G9- Cm

I

Dm4   G7   Cm
Relembro sem saudade o nosso amor

Gm4   C7   C9-   Fm7
O nosso último beijo e último abraço

Bb7   Eb
Porque só me ficou da história triste desse amor

Am5-   Ab13   G7   Dm5-
A história dolorosa de um fracasso

II

G7
Fracasso por te querer

Cm   Fm7 Cm
Assim como quiz:

Eb°   C7
Fracasso por não saber

Fm
Fazer-te feliz.

Bb9
Fracasso por te amar

Eb7M   Ab7M
Como a nenhuma outra amei

Am5-   Ab7M
Chorar o que já chorei

Ab7   G7   Dm5-
Fracasso, eu sei

G7
Fracasso por compreender

Cm   Fm Cm
Que devo esquecer

Eb°   C7
Fracasso porque já sei

Fm
Que não esquecerei

Dm5-   G7
Fracasso, fracasso, fracasso,

Cm
Fracasso afinal,

D7
Por te querer tanto bem

G7   G9-   Cm Fm Cm
E me fazer tanto mal.

Forró em Caruarú
Rojão

Zédantas

TOM — FÁ MAIOR
F C7 F

Introdução: C7 F C7 F C7 F C7 F

Bis
⎧ F   C7
⎪ No forró de Sá Joaninha
⎪ No Caruarú
⎨ F   C
⎪ Cumpade Mané Bento
⎪   F
⎩ Só fartava tú

I

      C7   F
Nunca vi meu cumpade
  Bb   F
Forgansa tão boa
      Bb   C
Táo cheia de brinquedo, de animação
F   Am
Bebendo na função
    Dm
Nós dansemo sem pará
  Bb
Num galope de matá
    F
Mas arta madrugada
    D7
Pro mode uma danada
    Gm
Qui vei de Tacaratú
  Bb
Matemo dois sordado
    F
Quato cabo e um sargento
    C7
Cumpade Mané Bento
  F
Só fartava tú

II

   C7   F
Meu irmão Jisuíno
  Bb   F
Grudô numa nega
    Bb   C
Chamêgo dum sujeito valente e brigão
F   Am
Eu vi qui a confusão
    Dm
Não tardava cumeçá
    Bb
Pois o cabra de punhá
    F
Cum cara de assassino
    D7
Partiu prá Jisuíno
    Gm
Tava feito o sururú
  Bb
Matemo dois sordado
    F
Quato cabo e um sargento
    C7
Cumpade Mané Bento
  F
Só fartava tú

III

   C7   F
Pro Dotô Delegado
  Bb   F
Que veio trombudo
    Bb   C
Eu diche que naquela grande confusão
F   Am
Só hôve uns arranhão
    Dm
Mas o cabra morredô
  Bb
Nesse tempo de calô
  F
Tem a carne reimosa
    D7
O véi zombô da prosa
    Gm
Fugi do Caruarú
  Bb
Matemo dois sordado
    F
Quato cabo e um sargento
    C7
Cumpade mané Bento
  F
Só fartava tú

Revelação

Clodô e Clesio

TOM - LÁ MENOR

Am E7 Am

Introdução: *Am Am/G E4 E7* (Duas Vezes)

^{Am}Um dia vestido ^{Am}de saudade viva ^{F G} ^{G7} faz ressus^{E4}ci^Etar

^{Am}Casas mal vividas ^{Am}camas repartidas ^{F7M F G} vai se re^Eve^{G° E7}lar

^AQuando a gente ^{C#m7}tenta de toda ^{Em7}maneira

^{A7}Dele se guardar ^{D Dm Dm6} sentimento i^Alha^Edo

^{F#m7}Morto amor^{B7}daçado volta a inco^Emo^{E7/G#}dar.

^AQuando a gente tenta de toda ^{Em}maneira

^ADele se guardar ^{D Dm Dm6} sentimento i^Alha^{E/G#}do

^{F#m}Morto amor^{Bm}daçado ^Evolta a incomo^{Am Am/G F E4 Am F7M F E E/F# G° E7}dar.

Repetir: ^AQuando a gente ^{C#m7}tenta, *etc.*

Para terminar: ^EVolta a incomo^{Am F E4 Am Am/G F7M F E E4/f# G° E Am}dar.

Nós queremos uma valsa
Valsa

Nássara e Frazão

TOM — DÓ MAIOR
C G7 C

Introdução: C7M F7M C7m Am7 F G7 C G7

G7   C7M   F7M   Em7
Antigamente, uma valsa de roda

Am7   Dm7   G7   C7M
Era, de fato, o requinte da moda.

Am7   Dm7   E7   Am7
Já não se dança uma valsa, hoje em dia,

A9-   Dm7   G7   C C7
Com o mesmo gosto e com tanta alegria...

F7M   G/F   C/E Am7
Mas se a valsa morrer

Bis
       Dm7   G7   C C13 C7
Que saudade que a gente vai ter

            C
2ª vez: vai ter

G7   C   F7M C7M
Nós queremos uma valsa

Am7   Dm7   G7   C7M
Uma valsa para dançar;

G13   C   C/E   Dm
Uma valsa que fala de amores,

         G7   C G7
Como aquela dos Patinadores;

C7M   C/E Dm
Vem, meu amor,

F/C   G7   C7M
Vem, meu amor,

       F   F#º
Num passinho de valsa

       C/G   A7
Que vem e que vai

       D7   D7   C G7 C
Mamãe quer dançar com papai...

Desesperar jamais
Samba

Ivan Lins
Vitor Martins

Allegreto

A9
Am7
D7
Dm7
F/G
C
F/G
C7M
G7
C7m
G7
C7M
Bm4
E7
E9-
F7M
Fm6/Ab
Fm
Fm6
C7M
C7M
Ab13
F13
E7
Am7
D7
Am7

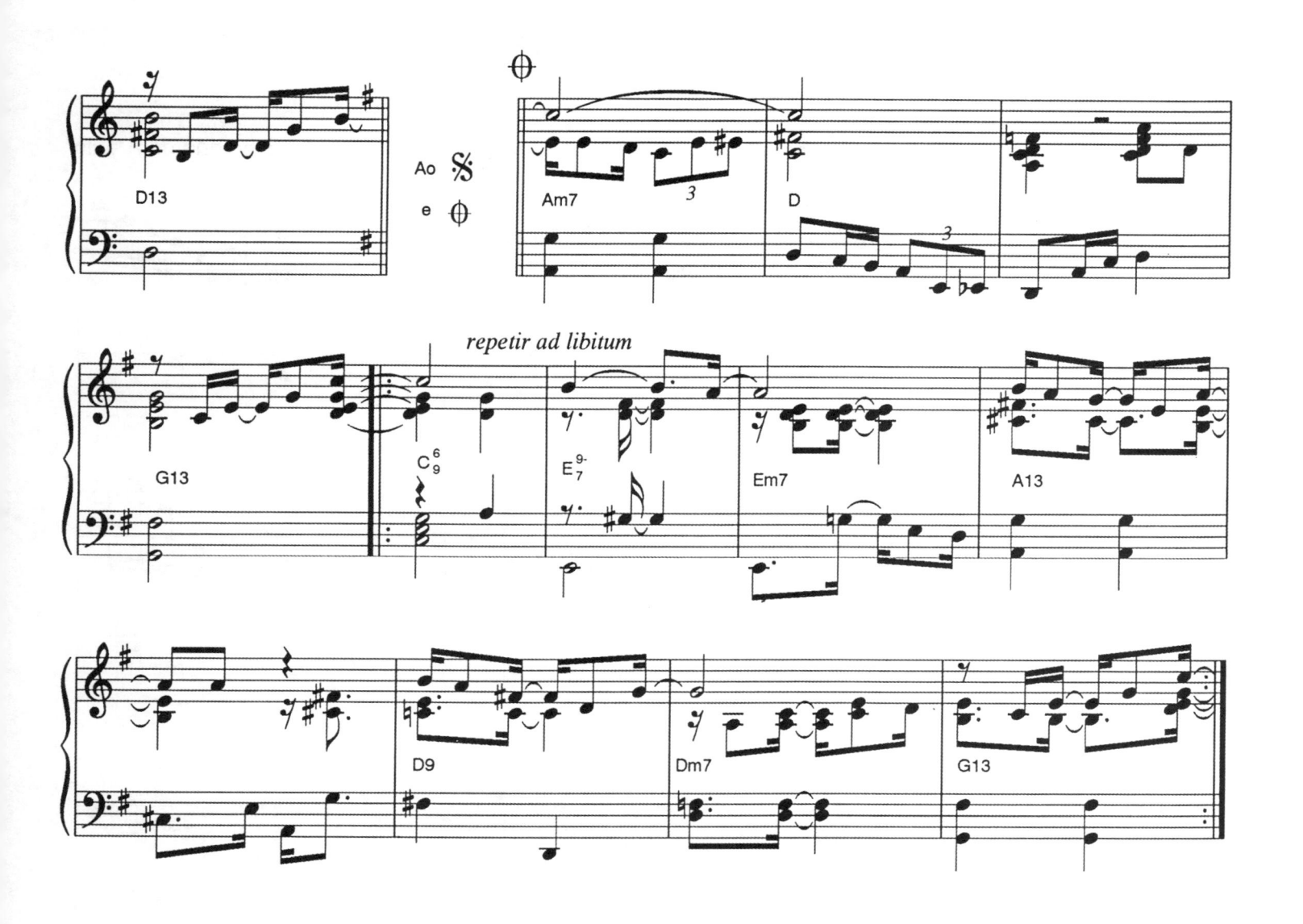

TOM - SOL MAIOR
G D7 G

Introdução: *G7M (4 compassos)*

G7M   G$^6_9$ G7M9   G$^6_9$ G7M
Desesperar já - mais

G6   E7   Am7
Aprendemos muito nestes anos

        A13   Am7
Afinal de contas não tem cabimento

       C/D D7   Fm4
Entregar o jogo no rpimeiro tempo.

B7   Em7 A7 Em7
Nada de correr da raia

A7   Em7 A7 Am7
Nada de morrer na praia

D7   Dm7   F/G   C   F/G
Nada, nada, nada de esquecer.

C7M   G7   C7M
No balanço de perdas e danos

            G7   C7M C7M9
Já tivemos muitos desenganos

Bm4   E7   E9-   F7M   Fm6
Já tivemos muito que chorar

        Fm   Fm6   C$^6_9$ C7M
Mas agora acho que chegou a hora

   Ebm   Dm9 E$^{9-}_7$ Am7
De fazer valer o dito popular.

         C$^6_9$ E$^{9-}_7$ Em7
Desesperar já - mais

A7
Cutuca por baixo

D9   Dm7
O de cima cai

         C$^6_9$ E$^{9-}_7$ Em7
Desesperar ja - mais

A13
Cutuca com força

D9   Dm7   G13
Não levanta mais.

Espinha de bacalhau
Choro

Severino de Araujo

Am
E7
Am
F#°
Em
B7
E7
Am
Dm
Dm/C
6
Bm5-
E7
Gm/G♭
A7
Dm/F
Bm5-
Am
B7
E7
1.
2.
Am
Am
G7
Do
ao
C

F
Bb
F
Bb
F
Dm
C7
C9
C
F
Am5-
D7
Gm
Gm/Bb
Ab
F/A
D7
Gm
C7
1.
2.
F
F
Ab7
G7
Do
ao
C

Fanatismo

Fagner
Flor Bela Espanca

© Copyright 1981 by ORÓS EDIÇÕES e PRODUÇÕES ARTÍSTICAS LTDA.
Adm. por EDITORA MUSICAL BMG ARABELLA LTDA. 50% parte do autor Fagner.
All rights reserved. Todos os direitos autorais reservados.

43

Em B7 C Am7 D7 C/D G
F♯m5- B7 F♯m5- B7 Em Am7
Em B7 C Am7 D7 G
3
C B7 F♯m5- B7 Em7
D7 G C B7 Em7
D7 G C B7 Em
Fim
Ao 𝄋

TOM - MI MENOR
Em B7 Em
Introdução: *B7 Em D7 G B7 Em*

Em   Em B7   C
Minh'alma de sonhar-te, anda perdida
     Am7   D7   G
Meus olhos andam cegos de te ver
          F#m5-   B7
Não és sequer a razão do meu viver
    B7   Em
Pois que tu és já toda a minha vida!

             Em B7   C
Não vejo nada assim enlouquecida...
Am7   D7   C   G
Passo no mundo, meu amor, a ler
      F#m5-   B7
No misterioso livro do teu ser
       F#m5-   B7   Em
A mesma história tantas vezes lida!

   Am5-   Em B7 C
"Tudo no mundo é frágil tudo passa..."
Am7   D7   G
Quando me dizem isto, toda a graça
     C   B7
Duma boca divina fala em mim!
              F#m5- B7   Em7
E, os olhos postos em ti, digo de rastros:
          D7   G
"Ah! Podem voar mundos, morrer astros",
 C   B7   Em
Que tu és como um Deus: princípio e fim...
      D7 G
Eu já te falei de tudo
 C   B7
Mas tudo isto é pouco
      Em
Diante do que sinto.

Sururú na cidade
Chorinho Sapeca

Zequinha Abreu

© Copyright 1934 by IRMÃOS VITALE S/A. Ind. e Com.
All rights reserved. Todos os direitos autorais reservados.

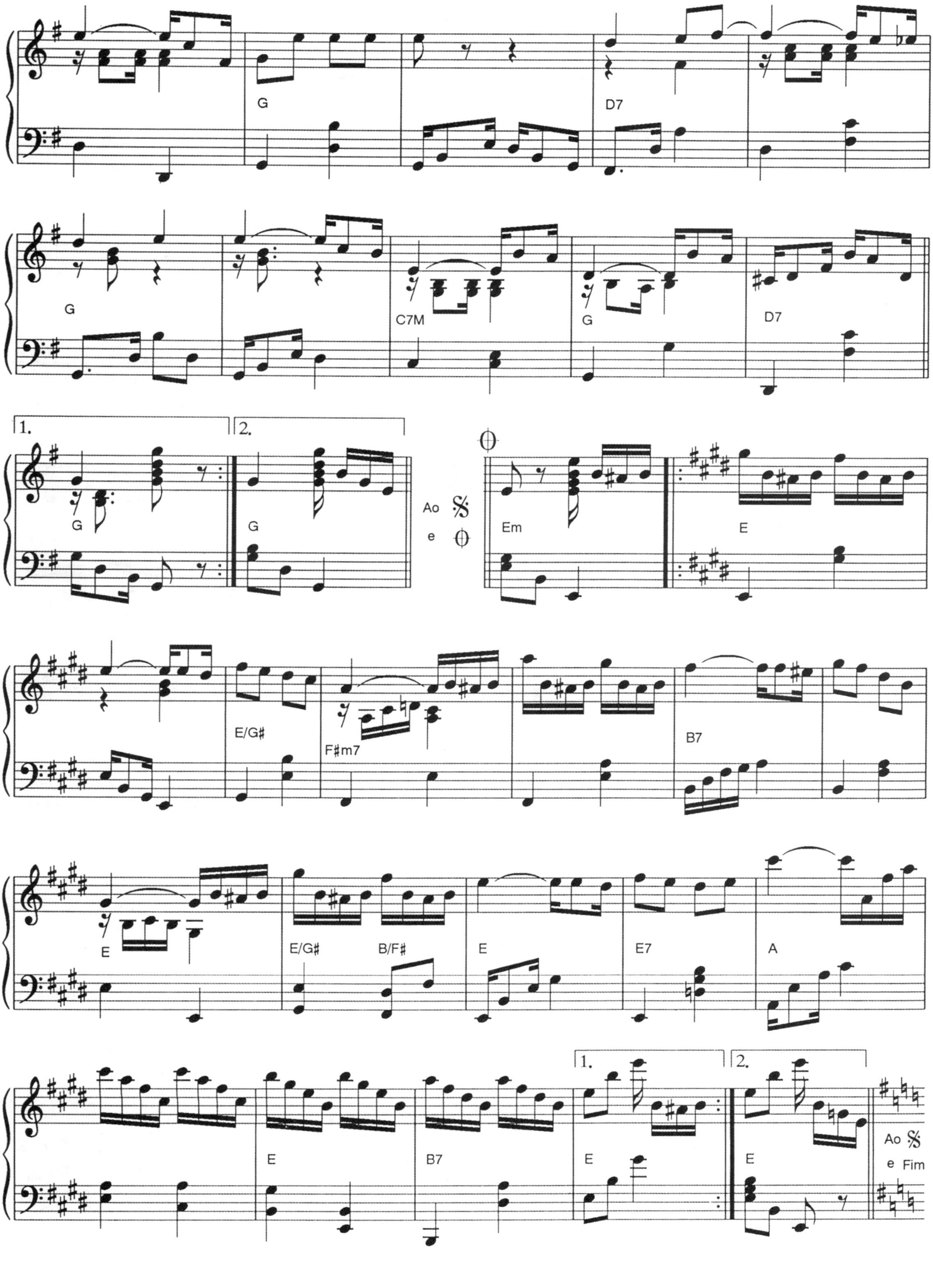
G
D7
G
C7M
G
D7
1.
G
2.
G
Ao 𝄋
e 𝄌
Em
E
E/G♯
F♯m7
B7
E
E/G♯
B/F♯
E
E7
A
E
B7
1.
E
2.
E
Ao 𝄋
e Fim

Boi Bumbá
Batuque Amazônico

Waldemar Henrique

© Copyright 1937 by IRMÃOS VITALE S/A. Ind e Com.
All rights reserved. Todos os direitos autorais reservados.

TOM — FÁ MAIOR
F C7 F

Introdução: C7 F G7 C7 F

   C7   F   C7 F
Ele não sabe que o seu dia é hoje *(4 vezes)*

     F   C7   F
O céu forrado de veludo azul-marinho

    D7
Veio ver devagarinho

     Gm
Onde o Boi ia dançar...

   C7   F
Ele pediu prá não fazer muito ruído

   D7   Gm
Que o Santinho distraído

   C7   F
Foi dormir sem se lembrar.

    Bb   F
E vem de longe o eco surdo do bumbá sambando
Bis
     Bb   F
A noite inteira, encurralado, batucando...

   C7   F
Bumba, meu "Pai do Campo" ô ô
Bis
   C7   F
Bumba, meu Boi-Bumbá

   C7   F
Bumba, meu Boi-Bumbá

   C7   F
Bumba, meu Boi-Bumbá

 C7   F   C7 F
Ele não sabe que o seu dia é hoje *(4 vezes)*

    F   C7   F
Estrela-d'Alva lá do céu já vem surgindo...

     D7
Acordou quem está dormindo

     Gm
Por ouvir galo cantar...

   C7   F
Na minha rua resta a cinza da fogueira

   D7   Gm
Que levou a noite inteira

   C7   F
Fagulhando para o ar...

    Bb   F
E vem de longe o eco surdo do bumbá sambando
Bis
     Bb   F
A noite inteira, encurralado, batucando...

   C7   F
Bumba, meu "Pai do Campo" ô ô
Bis
   C7   F
Bumba, meu Boi-Bumbá

   C7   F
Bumba, meu Boi-Bumbá

Faceira
Samba

Ary Barroso

TOM — SOL MAIOR
G D7 G

Introdução: G G7M CII+ C7M Bm7
Em7 Am7 D7 G

G7M   F#5+
Foi num samba

G7M   Bm5- E7
De gente bamba

Am7   D7 G
Que eu te conheci, faceira

Bis

Em
Fazendo "visage"

A9   D9
Passando rasteira!

Oi, que bom, que bom, que bom!

   D9   Am7
E desceste lá do morro

   D9   G
Prá morá aqui na cidade

  C   F#m5-
Deixando o companheiro

  B7   Em7
Triste e louco de saudade.

    Am7
Mas, linda criança,

  D9   Bm7
Tenho fé, tenho esperança,

  E9   A9
Tu, um dia has de voltar

  D7   G
Direitinho ao teu lugar.

Oi, vamo' embora.

   D9   Am7
Quando rompe a batucada

  D9   G
Fica a turma aborrecida

  C   F#m5-
O pandeiro não dá nada

  B7   Em7
A barrica recolhida

    Am7
Tua companhia

  D9   Bm7
Faz falar a bateria

  E9   A9
Fica prosa o tamborim

  D7   G
Vem pro samba, vai por mim,

Oi, vamo' embora.

Foi assim
Juventude e Ternura

Renato Corrêa
Ronaldo Corrêa

TOM — SOL MAIOR
G   D7   G

Introdução: C   G6/9   C

G   Bm7   Em7
Foi assim

  C   Bm7 C7M D7 G   Em
Eu vi você   passar por mim

  C   Bm7 C   D7 G   Am
E quando pra você eu olhei

         C   C/D D7
Logo me apaixonei

G
Foi assim

   C   Bm7 C7M G   Em
O que eu senti não sei dizer

    C   Bm7 C D7   G   Am
Só sei que pude então compreender

  G   C   C/D D7   Am7
Que sem você, meu bem,

      C   Am7 G
Não ia mais viver.

    C   D/C
Mas foi tudo um sonho

Dsusp   Bm7   E7
Foi tudo ilusão

   Am7   D7
Porque não é meu

    Bm7   E7
O seu coração

  Am7   D7   Em7
Alguém roubou de mim seu amor

   G/A   A7   C/D
Me deixando nesta solidão

G   Bm7   Em7
Foi assim

   C   Bm7 C7M D7   G   Em
E agora o que é que eu vou fazer

   C   Bm7 C   G   Am
Pra que você consiga entender

G   C   C/D D7
Que sem você, meu bem,

Am   C/D G
Não posso mais viver.

Azulão

Manoel Bandeira
Jayme Ovalle

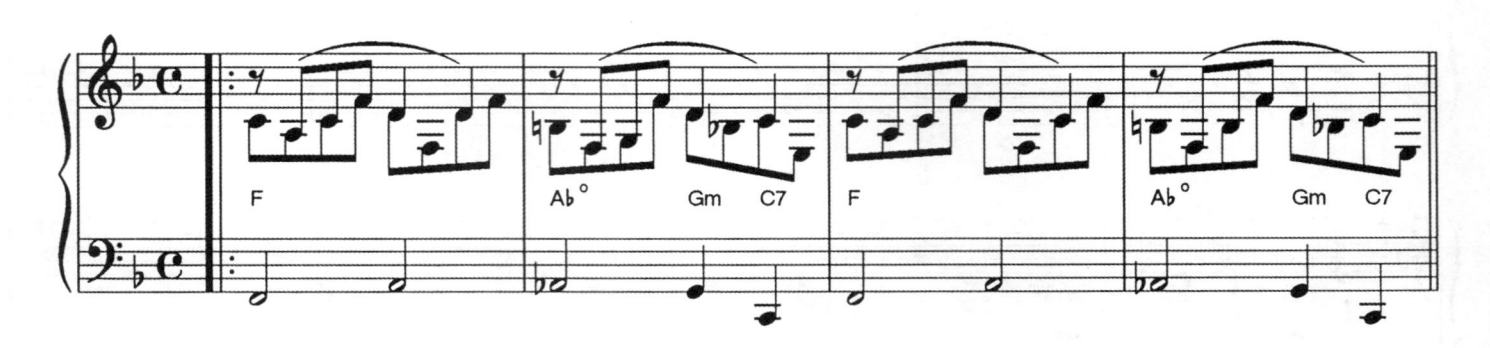

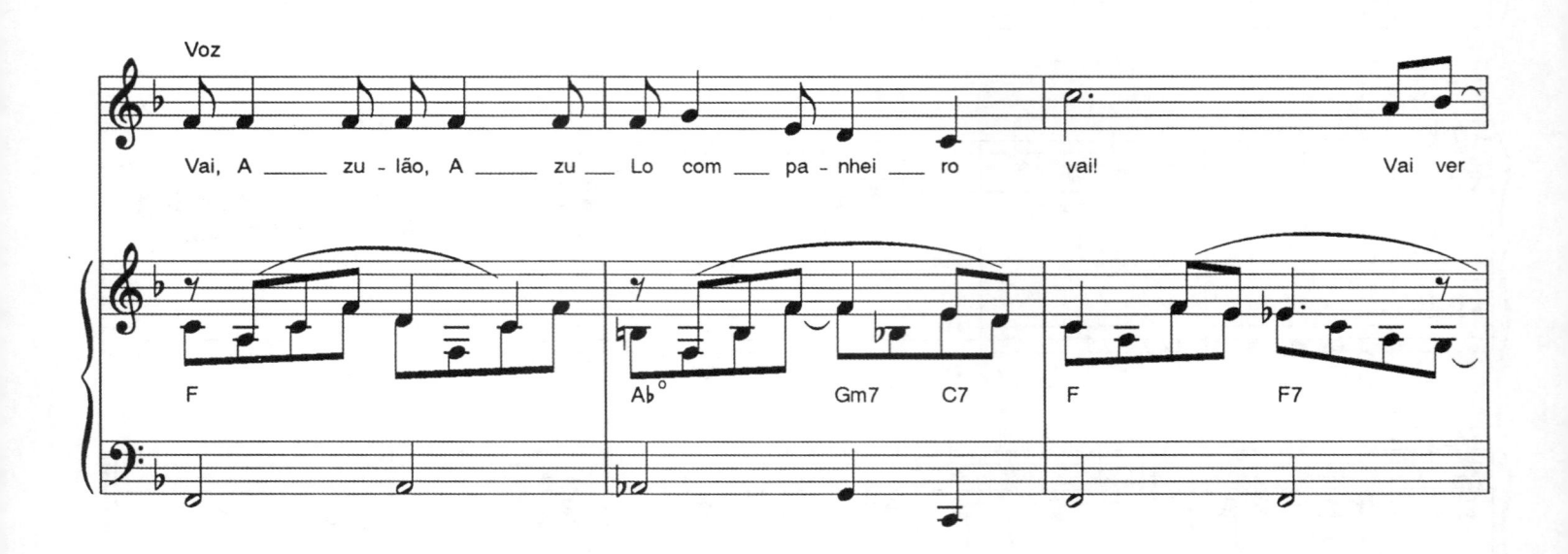

Vai, A____ zu - lão, A ____ zu ____ Lo com ____ pa - nhei ____ ro vai! Vai ver mi - nha in-gra ____ ta Diz que sem e_la o ser ____ tão não é mais ser ____

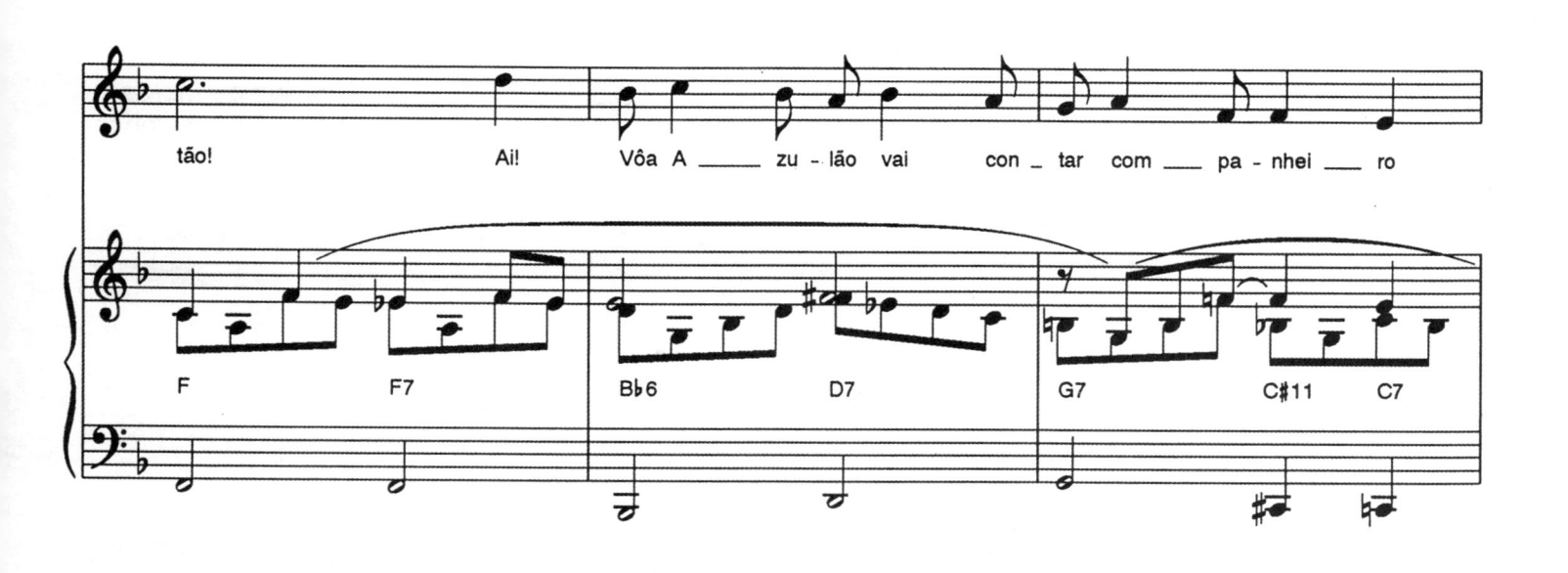

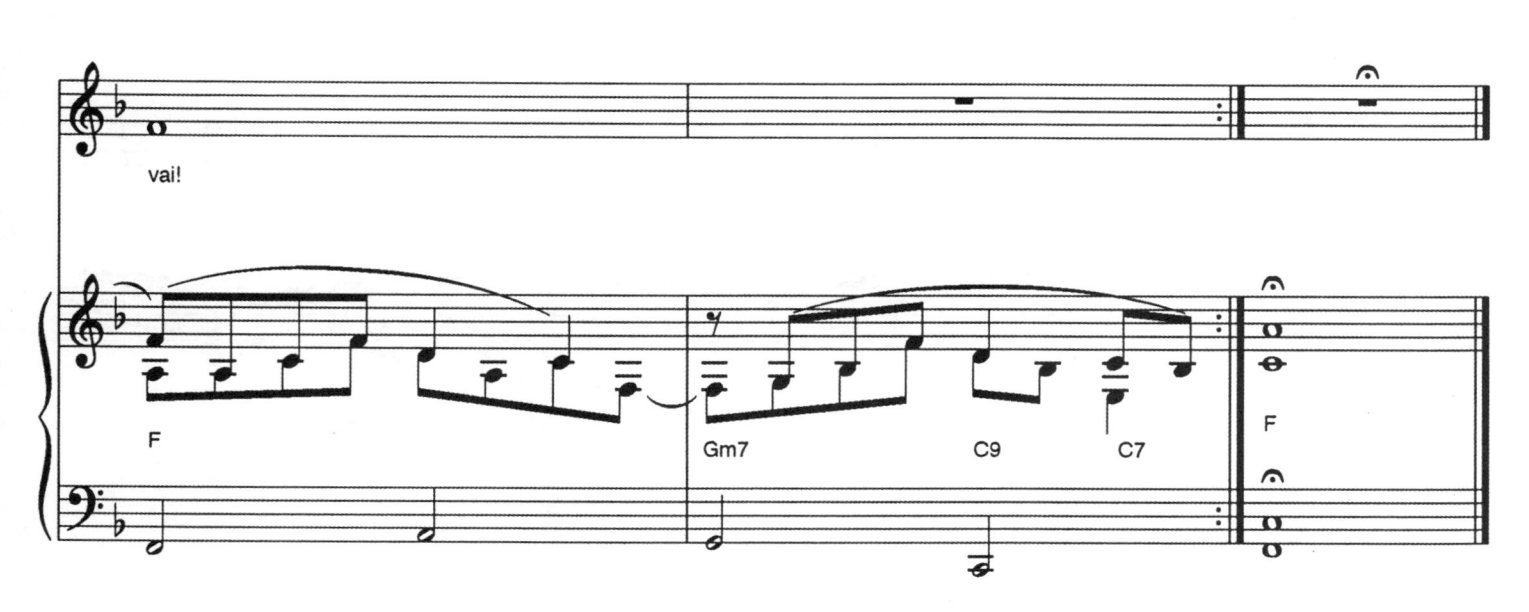

TOM - FÁ MAIOR
F C7 F

Introdução: Ab° Gm C7 Ab°
Gm C7

F
Vai

Azulão
  Ab°
Azulão
    Gm C7
Companheiro

F F7
Vai!

  B   C4 C7
Vai ver minha ingrata

F
Diz

Que sem ela
  Ab°
O sertão

  Gm7
Não é mais

C7 F
Sertão!

  Bb6
Ai! Vôa

  D7
Azulão

 G7
Vai contar

  C11 C7
Companheiro

  F Gm7 G9 C7 F
Vai!

Eu não existo sem você

Samba - Canção

Vinicius de Moraes
Antônio Carlos Jobim

TOM — DÓ MAIOR
C G7 C

Introdução: *C Dm B 7 Am7 F/G G7 G*

C7m
Eu sei e você sabe,

Dm7
Já que a vida quiz assim,

G7
Que nada neste mundo

C
Levará você de mim,

F#m5-   B7
Eu sei e você sabe

Em7   A7
Que a distância não existe,

Dm7   G7
E todo o grande amor

Em5-   A7
Só é bem grande ser для triste,

Dm7   Fm
Por isso, meu amor,

C   Am7
Não tenho medo de sofrer,

Dm7   G7
Que todos os caminhos

C   F C
Me encaminham prá você.

C7M
Assim como o oceano

Dm7
Só é belo com luar,

F7M   G7
Assim como a canção

C7M
Só tem razão se se cantar,

F#m5   B7
Assim com uma nuvem

Em7   A7
Só acontece se chover,

Dm7   G7
Assim como o poeta

Em5-   A7
Só é grande se sofrer,

Dm7   Bb7M
Assim como viver

C7M   A7
Sem ter amor não é viver,

Dm7   G7
Não há você sem mim

C F   C Fm9 C7M9
E eu não existo sem você

57

Uma loira
Samba-Canção

Hervé Cordovil

TOM — SIb MAIOR
Bb F7 Bb

Introdução: Bb7M Ebm Ebm Cm5- F7 F13

   Bb7M   Dm5-
Todos nós temos na vida

G7   Gm7   C7
Um caso, uma loira

        Cm7
Você,

F7   Bb Am5-
Você também tem.

D7   Em5-   A5+   Dm7
Uma loira é um frasco de perfume

       Dm5- G7
Que evapora

G5+   Cm7 Ebm   Cm7
É o aroma   delicado de uma flor

F7   Bb7M   Bb7M   Ebm7
Espuma fervilhante de champagne

F9   Bb7M   Gm7   C13
Numa taça muito branca de cristal

     Eb7M   Ebm
É um sonho, um poema!

F9- Bb7M   Ab7   G7
Você já teve na vida

     Gm7   C7
Um caso, uma loira

     Cm7
Pois eu

F7   Bb Eb7M Cm7 Bb7M
Pois eu, também tive

Fã nº 1

Guilherme Arantes

TOM — DÓ MAIOR
C G7 C

Introdução: *Em Am Dm Em Dm/G G7 C*

C   *G*
Você nem desconfia

              Am
E o que eu não daria

        Dm7
Por seu amor

F   *Em7*
Onde você anda

       Am7   *Dm7*
Nem sei como chamo

        G7
A sua atenção

       C
Que eu existo

   D7   *G*
Aposto que pode dar certo

     E7
Esse romance

              Am
Aberto dentro de mim

                G7
Você nem imagina

                Am7
Que eu te inundaria

           F
Toda de sol

           Em7
Luz da ribalta

       Am7   *Dm4*   *Dm7 G7*
Te quero no palco.

C   *F*
Entra em cena

G7   *F*
Faz seu número

F   *G7*
Faz meu gênero

      Em   *Am*   *Dm*
Ser seu fã número um

            Em
Ali no gargarejo

              Dm
Jogando beijo.

Esmola

Samba

J. R. Kelly

Ab13 7
G7
Cm
Ab13 7
Fm7
Dm7
G 7 5+
Gm5-
C7
Fm
G7
Cm
Ab13 7
G7
Cm
Dm4 G7
C7M
Dm7
F/G
C7M
C5+
F7M
Fm
G 7 5+
Cm7
Fm7

TOM - DÓ MENOR
Cm G7 Cm
Introdução: *Cm Cm7 Ab7 Fm7 G7 Db7*

    Cm7   *Ab7 13*   *Ab7 Dm5-*
Vai que a vida me consola
        G7+   *Cm7 Dm7 G7*
Ninguém vai chorar de dor
Cm7 *D7*   *Gm*
O seu beijo era uma esmola
Am7   *D7*
Pobre de amor
Ab7 13   *G7*
Eu dei valor
Cm   *Ab7 13*
Vou guardar seu beijo na saudade
Fm7   *Dm7*
Eu vim falar a verdade
     G75+   *Gm5-* *C7*
Que o assunto é mal de amor
Fm   *G7*   *Cm*
Se o teu carinho é tão difícil
        Ab7 13
Agradeço o sacrifício
  G7   *Cm Dm4 G7*
Mas dispenso esse favor.

C7M
Vejam só
Dm7   *F*
Os papéis
C7M   *C5+*   *F7M*
Se trocaram, bem se vê
          Fm   *G5+7*   *Cm7*
Hoje eu passo pela sua ingratidão
     Fm   *Db7M*
E quem me estendeu a mão
  G7   *Cm Dm5- G7 Cm*
Pedindo esmola é você.

Leva

Balada

Michael Sullivan e
Paulo Massadas

Am Am7M Am7 Am6 Dm G 13 7 C C7M C♯°
Bm7 E11+ E7 Am7 D7 G
G7M Am7 Bm7 C7M
1ª 2ª
Am7 C/D G7M Am7 Am7 D9
G D13 G C 9 7M
Ao 𝄋 e Φ

TOM - SOL MAIOR
G D7 G
Introdução: Am7 D7 9   G7M Am7 D7 9   Am7 D7 9

          G   Am7
Foi bom eu ficar com você o ano inteiro
      D7
Pode crer, foi legal te encontrar
           G
Foi amor verdadeiro

  G   G7M
É bom acordar com você
                  Am7
Quando amanhece o dia
  Am7   D7
Dá vontade de te agradar
        G
Te trazer alegria

    C   C7M   C#º
Tão bom encontrar com você
              Bm   E9 11+
Sem ter hora marcada
  Am   Am7   Dm
Te falar de amor, bem baixinho quando é madrugada

C   C7M   C#º   Bm7 E9 11M
Tão bom é poder despertar em você fantazias
    Am   D7
Te envolver, te acender, te ligar,
          G
Te fazer companhia.

BIS
  G7M   Am   Bm7
Leva o meu som contigo, leva
    C7   Am7
E me faz a tua festa
    D7   G7M
Quero ver você feliz

 G   Am7
É bom quando estou com você numa turma de amigos
  D7   G
E depois da canção você fica escutando o que eu digo
 G   G7M   Am7
No carro, na rua, no bar estou sempre contigo
  Am7   D7   G
Toda vez que você precisar você tem um amigo

   C   C7M   C#º   Bm7 E9- 11+
Estou pro que der e vier, conte sempre comigo
  Am   Am7M   Am7   Dm
Pela estrada buscando emoções, despertando os sentidos
   C   Bm7 E9- 11+
Com você, primavera, verão no outono ou inverno
  Am   D7   G
Nosso caso de amor tem sabor de um sonho eterno

BIS
  G7M   Am7   Bm7
Leva o meu som contigo, leva
   C7M   Am7
E me faz a tua festa
   D7   G7
Quero ver você feliz.

Hino do carnaval brasileiro
Marcha

Lamartine Babo

Eb E
Bb7/F
Bb7
Fm7
Bb7
Fm
F7
Bb7
Eb Eb5+
Ab13 G7
Cm7
G7
Ab13
Fm
F7
Bb7
Eb
Gm5-
C7
Fm
Bb7

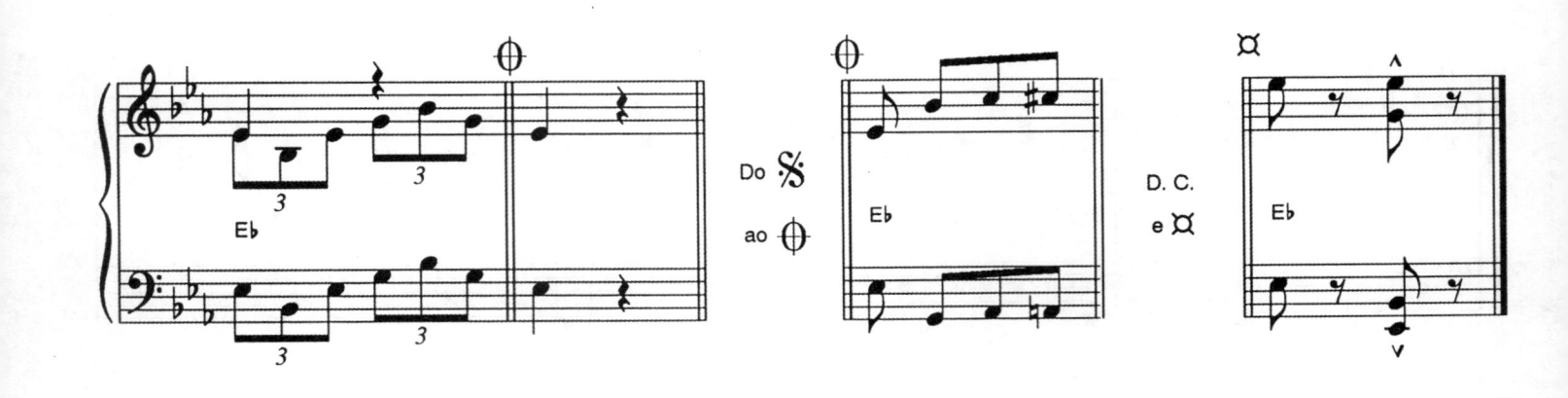

TOM — MIb MAIOR
E Bb7 E

Introdução: Bb7 Eb Bb7 Eb Eb7 Ab Abm Eb F7 Bb7 Eb

Eb
Salve a Morena!

                                 Eb Ebdm   Bb7/F Bb7
A cor morena do Brasil   fagueiro

Fm7 Bb7 Fm
Salve o pandeiro

F7   Bb7   Eb
Que desce o morro pra fazer a marcação

Eb5+ Ab13 G7   Cm7
São! São! São! São!

     G7
500 mil morenas.

Ab13 Fm   F7   Bb7
Loiras cor de laranja 100 mil...

Eb   Gm5- C7
Salve! Salve!

F7   Bb7 Eb
Meu Carnaval Brasil!

Eb
Salve a loirinha

                             Eb Ebdm Bb7/F Bb7
Dos olhos verdes-cor das nossas   matas

Fm7 Bb7 Eb
Salve a Mulata!

F7   Bb7   Eb
— Cor do café — a nossa grande produção!...

Eb5+ A13 G7   Cm7
São! São! São! São!

   G7
500 mil morenas!

Ab13   F7   Bb7
Loiras — cor de laranja 100 mil...

Eb   Gm5-
Salve! Salve!

F7   Bb7 Eb
Meu Carnaval Brasil!

Saudade

Toada

Chrystian

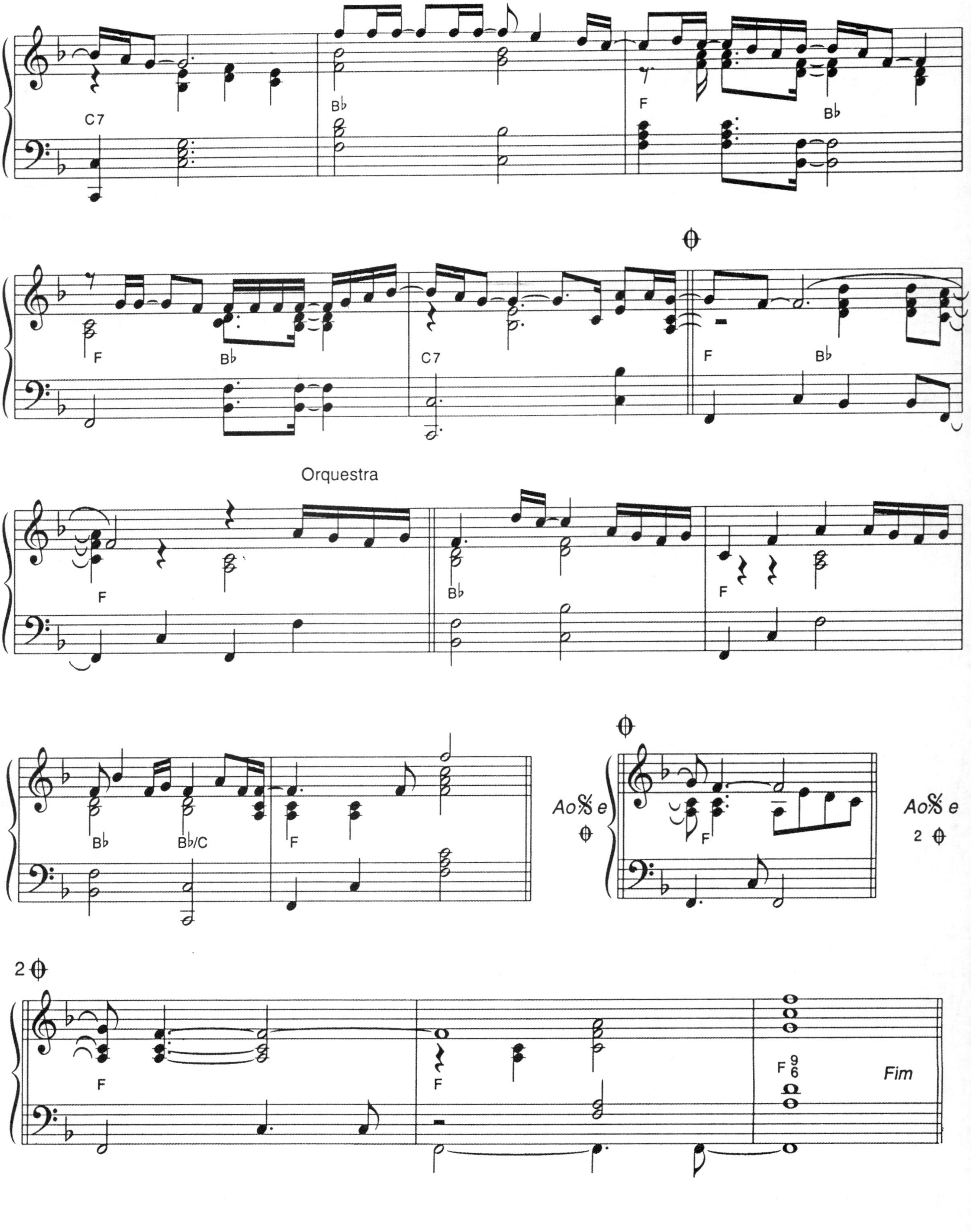
C7
B♭
F
B♭
F
B♭
C7
F
B♭
Orquestra
F
B♭
F
B♭
B♭/C
F
Ao 𝄋 e
F
Ao 𝄋 e
2
F
F
F 9 6
Fim

TOM - FÁ MAIOR
F C7 F
Introdução: *B C F B F*

    F
Você sempre fez os meus sonhos

Sempre, soube dos meus segredos

               Bb
Isso já faz muito tempo

Eu nem lembro

            F
Quanto tempo faz.

 F
O meu coração

Não sabe contar os dias

E a minha cabeça

Já está tão vazia

   Bb
Mas a primeira vez,

              F
Ainda me lembro bem

Bb   C7   F
Talvez eu seja no seu passado

        Bb
Mais uma página

F   C7
Que foi do seu diário arrancada.

Bb   C7
Sonho, choro e sinto

F   Bb
Que resta alguma esperança

F Bb
Saudade

                 C7
Quero arrancar essa página

          F Bb F
Da minha vi - da . *(Orquestra)*

Bb   C7
Talvez eu seja... *etc.*

                      F Bb F   Bb   F
Para terminar: Da minha vi - da

Vida de Bailarina
Samba-Canção

Américo Seixas
Chocolate

B7
C9 7M
Em5-
A5+
Dm7
G5+
Gm7
C9-
F7M
G/F
Em5-
A7
Em5-
A7
Dm
Dm7
G7
G5+
C
Am7
Dm9
G13
C7m
B7
C7M
A7
Dm7
G5+
C7M
Dm9
C7M
Am7
C/D
G
G7M
G/B
Bb°
Am7
D7
Dm7
G5+

TOM — DÓ MAIOR
C G7 C

Introdução: F7M F G9- F#m7 B7
            Em9 A7 D7 Ab7 G7

      C   B7   C7M
Quem descerrar a cortina

Gm6/Bb   Dm
Da vida da bailarina

      G5+   C7M Eb7M Dm7
Há de ver cheio de amor

G13 C7M Am   C/D G G7M
Que   no fundo do seu peito

G   Em7   Am7
Existe um sonho desfeito

    D7   Ab7 F/G G7
Ou a desgraça de um amor

  C7M   B7   C7M
Os que compram o desejo

Em5-   A5+   Dm7
Pagando amor a varejo

    G5+   Gm7 C9-
Vão falando sem saber

   F7M G/F   Em5-
Que ela é forçada a enganar

A7   Em5- A7 Dm
Não vivendo pra dançar

    G7   G5-
Mas dançando pra viver

C7M B7   C7M
Obrigada pelo ofício

  A7   Dm7
A bailar dentro do vício

   G5+   C7M Dm9
Como um lírio em lamaçal

C7m Am7 C/D G
É uma sereia vadia

G7M G/B Bb° Am7
Prepara em noites de orgia

    D7   Dm7 G5+
O seu drama passional

C7M B7   C7M
Fingindo sempre que gosta

A7   Dm7
De ficar a noite exposta

  G5+   C7M C9/5
Sem escolher o seu par

F Fm6   Em7
Vive uma vida de louca

A7   D7
Com um sorriso na boca

  Ab7 G7 C Fm C C9/6
E uma lágrima no olhar

Coração de papel

Sergio Reis

Voz
solo
G
G13
C
D7
Am7
D7
C 6 9
D7
G
solo
Voz
G13
C
Cm7
G
C/E
Em7
Am7
D7
G
C/D
D7
Do 𝄋
ao 𝄌
𝄌
Am7

TOM — SOL MAIOR
G D7 G

Introdução: G E7 Am7 C D7 G C

           G   Bm7
Se você pensa que meu coração é de papel

E7 E_7^{9-} Am D7 G7
Não vá pensando pois não é

C_9^6 C   Cm6
Ele é igualzinho ao seu

          Cm   D7
E sofre como eu

     G   Em7   Am7   D7
Por que fazer chorar assim a quem lhe ama

           G   Bm7
Se vpcê pensa em fazer chorar a quem lhe quer

E7   E9-   Am D7 G7
A quem só pensa em você

C_6^9 C   Cm6   Cm   D7
Um dia sentirá   que amar é bom demais

           Em7
Não jogue o amor ao léu

        Am7   D7 C/D G G13
Meu coração que não é de papel

C   D7
Por que fazer chorar

Am7   D7 C_6^9
Por que fazer sofrer

        D7   G G13
Um coração que só lhe quer

C   Cm7
O amor é lindo eu sei

Cm7   G
E todo eu lhe dei

        C/E Em7 Am7
Você não quis, jogou ao léu

     D7   G
Meu coração que não é de papel

     Bm E7   D7   G
Final: Não é,   ah, ah, meu coração não é de papel

Desabafo

Roberto Carlos
Erasmo Carlos

81

TOM FÁ # MENOR

F#m C#7 F#m

Introdução: F#m D/F# F#m6 D/F# F#m D/F# F#m6 D/F# C#4 D/F# F#m6

C#7   F#m   D/F#   F#m6
   Porque me arrasto aos seus pés
D/F#   F#m   D/F#   F#m6
   Porque me dou tanto assim
F#m   C#m4   F#7
   E porque não peço em troca
         F#9-   Bm
   Nada de volta prá mim
                       G#m5-
   Porque é que eu fico calado
C#7   F#m
   Enquanto você me diz
                  G#7
   Palavras que me machucam
G#7   C#7   D/F#   F#m6
   Por coisas que eu nunca fiz
D/F#   F#m
   Porque é que eu rolo na cama
            F#m   D/F#   F#m6
   E você finge dormir
F#m   C#m4   F#7
   Mas se você quer eu quero
         F#9-   Bm
   E não consigo fingir
                 G#m5-   C#7
   Você é mesmo essa mecha
                     F#m
   De branco nos meus cabelos
                     G#7
   Você prá mim é uma conta
                  F#m
   A mais dos meus pesadelos
C#7   F#m   D/F#   F#m6
   Mas acontece que eu
                    F#m   D/F#   F#m6
   Não sei viver sem você
                   C#m4
   Às vezes me desabafo
F#7   F#9-   Bm
   Me desespero porque
                      G#m5-
   Você é mais que um problema
C#7   F#m
   É uma loucura qualquer
                         G#7
   Mas sempre acabo em seus braços
C#7   F#m
   Na hora que você quer.

A lenda do Abaeté
Canção Praieira

Dorival Caymmi

C7M B7 Em D7 Em D7 Em Am
Em D7
1.
Em
2.
Em Em A7
Em Am7 Em A7 Bm7 Em
Am7 Em A7 Em A7 Em Am7
Em A7 Bm7 Em A7 Em Am7 Em

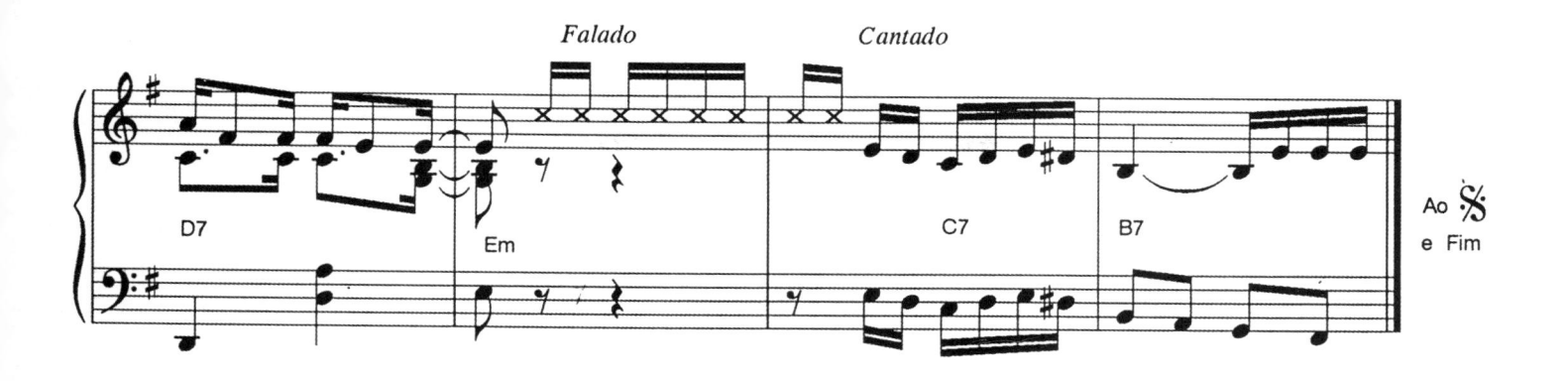

TOM - MI MENOR
Em B7 Em

Introdução: *Bm7 Em Bm7 C7M Am7*

Am7   Em   Bm7 Em
   No Abaeté tem uma lagoa escura

        Am7   Bm7 Em
   No Abaeté   tem uma lagoa escura

    Em   Bm7 Em
   Arrodeada de areia branca

   Am7   Bm7 Em
   Arrodeada de areia branca ôi

    Bm7   Em
   De areia branca ôi

   D7   Em Am7 Em
   De areia branca.

      Am7   D7 Am7
   De manhã cedo se uma lavadeira

D7   Gm7   C7 Gm7
   Vai lavar roupa no Abaeté

C7   Em7   F#m7
   Vai se benzendo porque diz que ouve

B7   C7   B7   Em
   Ouve a zuada do batucajé

     D7   Em
   Ôi, do batucajé

     D7   Em
   Ôi, do batucajé

      Am Em D7 Em
   Ôi, do batucajé — é — é.

     Am7   D7 Am7
   O pescador deixa que seu filhinho

D7   Gm7   C7 Gm7
   Tome jangada, faça o que quiser

C7   Em7   F#m7
   Mas dá pancada se o filhinho brinca

B7   C7   B7   Em
   Perto da lagoa do Abaeté

     D7   Em
   Ôi, do Abaeté

     D7   Em
   Ôi, do Abaeté

     Am7 D7 Em7
   Ôi, do Abaeté — é — é.

          Em
   A noite está que é um dia

   A7   Em
   Diz alguém olhando a lua

   Am7   Em
   Pela praia as criancinhas

   A7   Bm7   Em
   Brincam a luz do luar

   Am7   Em
   O luar   prateia tudo

   A7   Em
   Coqueiral, areia e mar

A7   *Em Am7 Em*
   A gente imagina   quanto

   A7 Bm7   Em
   A lagoa linda é

A7   *Em Am7   Em*
   A lua se   namorando

   D7   Em
   Nas águas do Abaeté.

(Falado)
Credo, cruz, te discunjuro

(Cantado)   *B7*
Quem falou de Abaeté?

O amanhã

(União da Ilha do Governador)

João Sérgio

SAMBA ALEGRO

Dm G7 C A7 Dm7 A7
Dm7 G7 C G7 C A7
Dm7 G7 C G13
Rep. ad lib. p/ finalizar
C F7M C F7M Em7 Am7
Dm7 A9- Dm7 G7 Dm7 Dm9
1.
2.
D.C.
G7 C G7
Rep. ad. lib.

TOM - DÓ MAIOR
C G7 C
Introdução: *C G7 C*

     C   G7   C
A cigana leu o meu destino
Em7 Am7 Dm
Eu so - nhei
A5+ Dm7   A7   Dm7
Bola de cristal, jogo de búzios
   G7
Cartomante
        Dm7 G5+ G7M
Eu sempre per - gun - tei

C6 9   Gm7 C7   F
O que será   o amanhã?
         D7   G7
Como vai ser o meu destino?
         C C7   F
Já desfolhei o mal-me-quer
F7M   D7   Dm7 G7
Primeiro amor de um menino

C   A7   Dm7
E vai chegando o amanhecer
G7   C
Leio a mensagem zodiacal
G7   C A7 Dm7
E o reale - jo diz
        G7 C   G7
Que eu serei feliz, sempre feliz.

BIS
    C   F7M   C
Como será o amanhã?
F7M   Em7 Am7 Dm
Responda quem pu - der
Dm   Em7
O que irá me acontecer
Dm   G7
O meu destino será como Deus
    C
Quiser

               G7
Breque: Mas a cigana...

Realce

Gilberto Gil

Am G F♯m5- Fm6 C/E F♯m B7
B♭7 A7(5+) A♭7(5-) G7 B♭7 A7 G♯7 G7 C B♭/C
C B♭/C C B♭/C C B♭/C E♭ Cm B♭/C
E♭ Cm B♭/C Dm9 Em9 Dm9
repetir ad libitum sumindo
Em9
D. C
2 vezes
e
C B/C C B/C C B♭/C
C B♭/C Cm7

TOM - DÓ MAIOR
C G7 C

Introdução: *Dm9 Em9 Dm9 Em9 Dm9 Em9 Dm9 Em9*

      Dm9   **Em9**
  Não se incomode o que a gente pode
             F#m9 Gm9
  Pode o que a gente não pode explodirá
    F7M
  A força é bruta e a fonte da força
 Em9   **Dm9** **C9/E**
  É neutra e de repente a gente poderá
  Am **G** **F#m5-**
  Realce Realce
Fm6   **C/E**   **G7** **Bm7**
  Quanto mais purpurina melhor
E7 **Am** **G** **F#m5-** **Fm6**
  Realce Realce

     Estribilho:

Fm6   **C/E**
  Com a cor do veludo
   F#m **B7** **Bb7** **A5+7**
  Com amor com tudo re - al
  A5-7 **C7** **Bb7** **A7** **G#7** **G** **C**   **Bb/C** **C** **Bb/C**
  Te - or de be - le - za   realce
C **Bb/C** **C** **Bb/C Eb**   **Cm Bb/C Eb** **Cm Bb/C**
  Realce   Realce   Realce

      Dm9   **Em9**
  Não se impaciente o que a gente sente
           F#m9 **Gm9**
  Sente ainda que não se sente afeta - rá
    F7M   **Em9**
  O afeto é fogo e o modo do fogo
           Dm9 **C9/E**
  É quente e de repente a gente queimará
Em9 **Am** **G** **F#m5-** **Fm6**
  Realce Realce
    C/E **G7** **Bm7**
  Quanto mais parafina, melhor
E7 **Am** **G** **F#m5-** **Fm6**
  Realce Realce

     Estribilho:

  C/E
  Com a cor, *etc.*

      Dm9   **Em9**
  Não desespere quando a vida fere
          F#m9 Gm9
  Fere e nenhum mágico interferi - rá
    F7M
  Se a vida fere com a sensação
   Em9   **Dm9** **C9/E**
  Do brilho de repente a gente brilhará
Em9 **Am** **G** **F#m5-**
  Realce Realce
    C/E **G7** **Bm7**
  Quanto mais serpentina, melhor
E7 **Am** **G** **F#m5-** **F#m6**
  Realce Realce.

Oceano

Djavan

Am9
D13
9
Gm11
9
C13
F♯m7
5+
B9-
E13
A9
Dm7
C7
F7M
Em5-
A5+
Dm7
C13
F7M
9
Gm7
Am7
B♭7M
Em5-
A5+
Dm7
C7
F7M
Em5-
5+
A7
Dm7
C7
F7M
Gm7
Am7
B♭7M
4
Em5-

TOM - RÉ MAIOR
D A7 D
Introdução: G/A

    D6 9   G7M   A7
Assim   que o dia amanheceu
         A#°   Bm   Bm7M
Lá no mar alto da paixão

Bm7   Bm6   Am9 D9 13
Dava pra ver o tempo ruir
Gm11   C9 13   F#m7
Cadê você, que solidão
 B9-   E7   A7
Esquecerá de mim.

D7M   G7M   A13
Enfim,   de tudo que há na terra
      A#°   Bm   Bm7M
Não há nada em lugar nenhum
Bm7   Bm6   Am9   D13
Vida crescer sem você chegar
Gm11   C9 13   F#m B5+   E13   A9
Longe de ti tudo parou   ninguém sabe o que eu sofri

Dm7   C7   F7M   Em5- A5+
Amar é um deserto e seus temores
Dm7   C13   F7M
Vida que vai na sela destas dores
    Gm7   Am7 Bb7*   Em5- A5+
Não sabe voltar me dá teu calor
Dm   C7   F7M   Em5- A75+
Vem me fazer feliz porque te amo
Am7   C7   F7M
Você desagua em mim, meu oceano
  Gm7   Am   Bb7M   Em5- A9- D
Esqueço que amar é quase uma dor
F7M G7M C D   F7M G7M C D   F7M G7M C7M9
Só, sei, vi-ver, se, for, vo-cê.

Ai! Que saudades da Amélia

Samba

Ataulfo Alves e
Mario Lago

2.
C/D
D7
Am9
D9
G
C7M
F#m5-
F#m6
B7
Em
Em7
C
C#o
G/D
G
G9 6
A7
A9
D7
Am7
D 9 7
G
G7M 9
E9+
Am7
D9
G
C/D
D9- 7
Ao
e
C/D
D
D/C
D.C.
e
G

TOM - SOL MAIOR
G D7 G
Introdução: G D7 G

I

G   C7 9   G7M   F13
Nunca vi fazer tanta exigência
E7   A7
Nem fazer o que você faz
F#m5-   B7   Em7
Você não sabe o que é consciência
A7   A13   Eb7   C/D   D13   D9
Não vê que eu sou um pobre rapaz?...
G   C79   G7M   F13
Você pensa em luxo e riqueza
E7   A7
Tudo o que você vê você quer,
F#m5-   B7   Em7
Ai, meu Deus! Que saudade da Amélia...
A7   A13   Eb7   C/D
Aquilo sim, é que era mulher.

II

D7   Am7   D9   G   C7M
Às vezes passava fome ao meu lado,
F#m5-   F#m6   B7   Em
E achava bonito não ter o que comer...
C   C#º   G   G6 9
Quando me via contrariado
A7   A9   D7
Dizia: meu filho, o que se há de fazer...
Am7   D7   G7M   E 9+
Amélia não tinha a menor vaidade
Am7   D7   G
Amélia é que era mulher de verdade.

Gostoso demais

Dominguinhos e
Nando Cordel

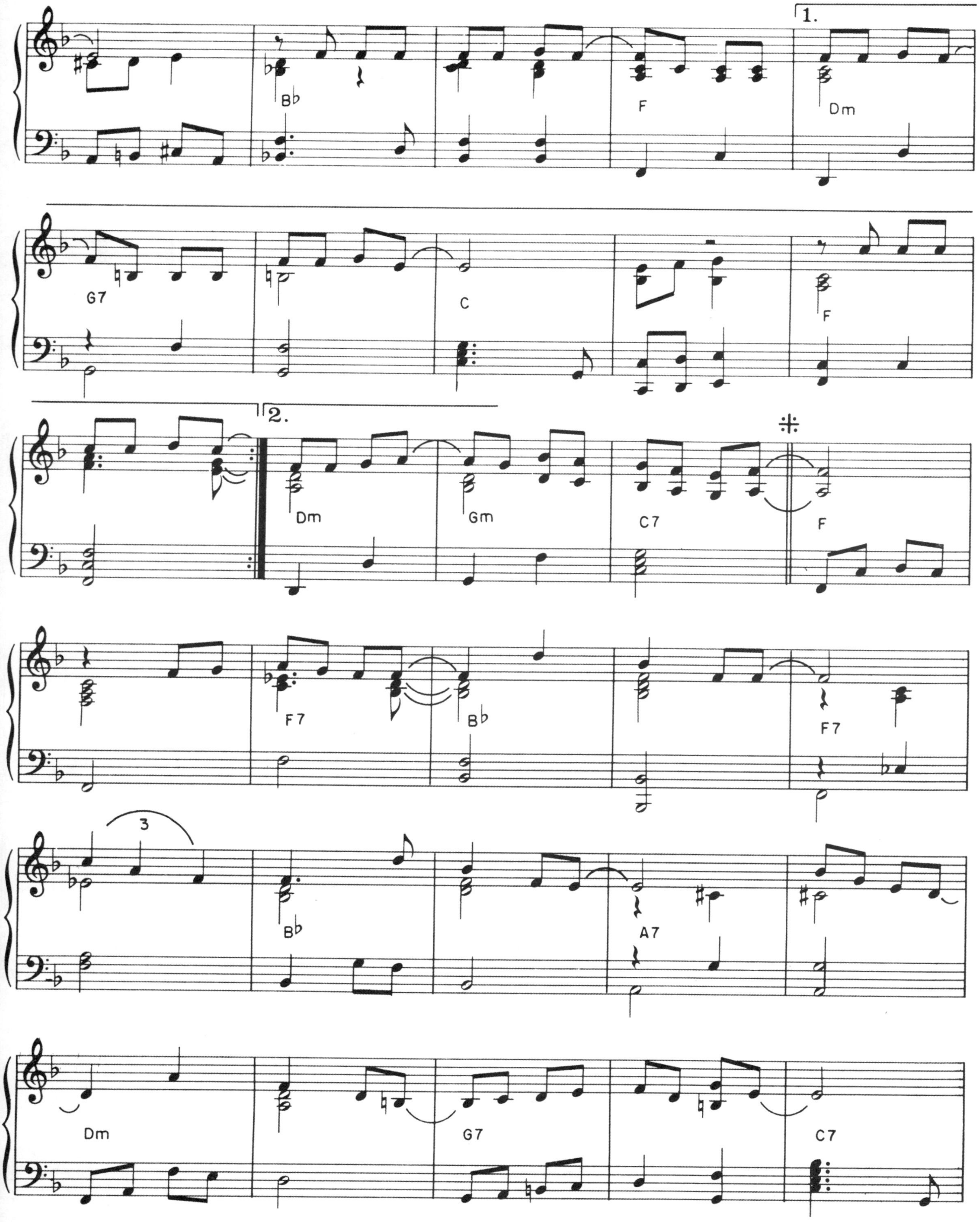
1.
B♭
F
Dm
G7
C
F
2.
Dm
Gm
C7
F
F7
B♭
F7
3
B♭
A7
Dm
G7
C7

Introdução: F7 Bb D7 Bb A7 Dm G G7 C7 Eb° C/E

F   C7   A7
Tô com saudade de tu meu desejo

Dm   A7
Tô com saudade do beijo e do mel

Bb   F
Do teu olhar carinhoso

       Dm
Do abraço gostoso

G7   C
De passear no teu céu

F   C7
É tão difícil ficar sem você

Dm   A7
O teu amor é gostoso demais

Bb   F
Teu cheiro me dá prazer

         Dm
Eu quando estou com você

Gm7 C7   F
Estou nos braços da paz.

F   Bb   F7
Pensamento viaja e vai buscar

      Bb
Meu bem querer

A7   Dm
Não posso ser feliz assim

G7
Tem dó de mim

           C7
O que é que eu posso fazer.

Comunhão

Milton Nascimento
Fernando Brant

© Copyright 1983 by TRÊS PONTAS EDITORES MUSICAIS LTDA.
SBK SONGS. All rights reserved. Todos os direitos autorais reservados.

Voz
Em
C♯5-
Cm
B♭/F
Gm
Em
A/C♯
Cm
B♭/F
Gm
Orquestra
Em
Voz
Am
Am/G
D/F♯
Gm
Gm/F
Em5-
E♭

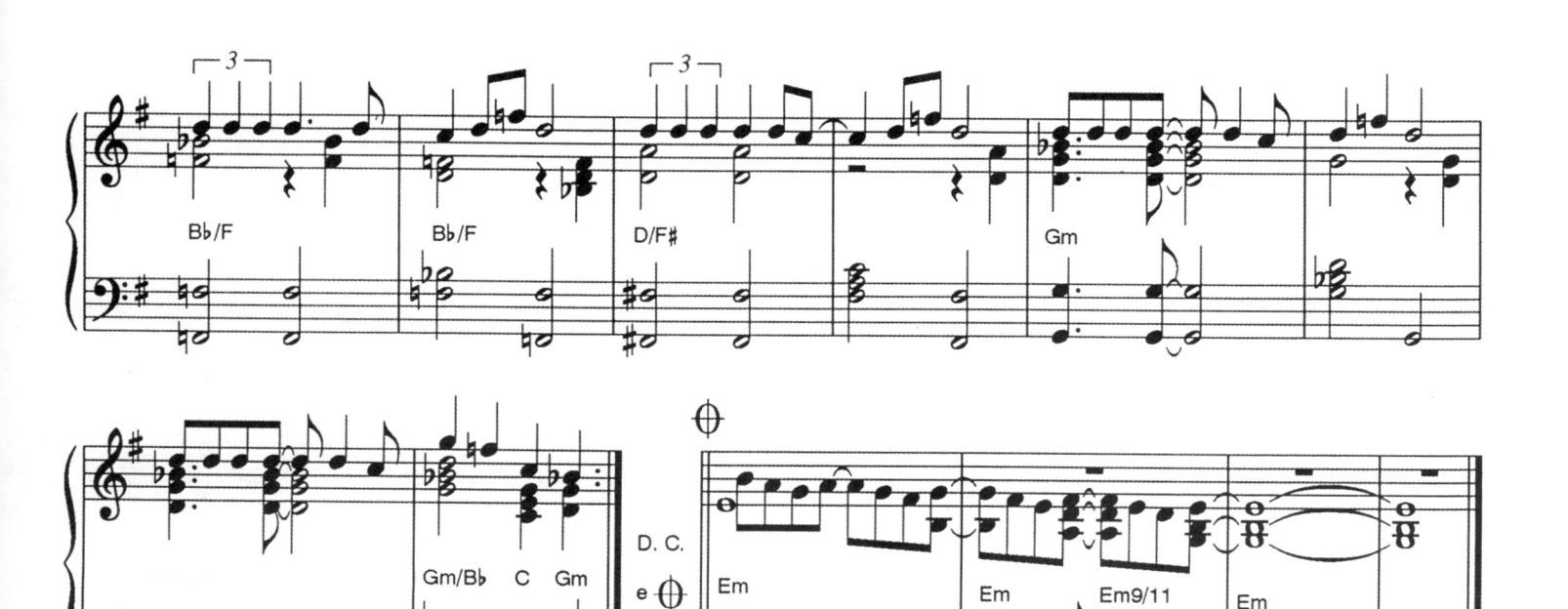

TOM — MI MENOR
Em   B7   Em

Introdução: *Em   Gm*

Em
Sua Barriga me deu a mãe;

O pai me deu o seu braço forte,
A/C#
Os seios fortes me deu a mãe;

Cm   Cm/Eb   Bb/F   Gm
O alimento, a luz do Norte.

Em
A vida é boa, me diz o pai

                 Em/G
A mãe me ensina que ela é boa.

A/C#
O mal não faço, eu quero o bem,

Cm   Cm/Eb   Bb/F   Gm
Na minha casa, não entra solidão.

Orquestra: *Em   Gm*

Em
Todo amor será comunhão,

A alegria de pão e vinho,

C5-
Você bem pode me dar a mão,

Cm   Bb/F   Gm
Você bem pode me dar carinho.

Em
Mulher e homem é o amor

Mais parecido com primavera

A/C#
E dentro dele que mora a luz.

Cm   Bb/F   Gm
Vida futura no ponto de explodir.

Orquestra: *Em   Gm*

Am   Am/G
Eu quero paz eu não quero guerra,

D/F#   Gm/F
Quero fartura, eu não quero fome,

Gm
Quero justiça, não quero ódio.

Em5-
Quero a casa de bom tijolo,

Eb
Quero a rua de gente boa

Bb/F
Quero a chuva na minha roça,

D/F#
Quero o sol na minha cabeça,

Gm
Quero a vida, não quero a morte, não,

                Gm/Bb C   Gm
Quero o sonho, a fantasia,

Am   Am/G
Quero o amor e a poesia,

D/F#
Quero cantar, quero companhia,

Gm   Gm/F
Eu quero sempre a luta fria.

Em5-
O homem tem que ser, comunhão,

E   Bb/F
A vida tem que ser comunhão,

Bb/F
O mundo tem que ser comunhão

D/F#
A alegria do vinho e pão.

Gm
O pão e vinho nisso repartidos.

Orquestra: *Gm   Gm   Bb   C   Gm*

Em
Sua barriga me deu a mãe:

Eu, pai, te dou meu amor e sorte.

A/C#
Os seios fartos te deu a mãe,

Cm   Cm/Eb   Bb/F   Gm
O alimento, a luz do Norte,

Em
A vida é boa, te digo eu,

                 Em/G
A mãe ensina que ela é sábia,

A/C#
O mal não faço, eu quero o bem.

Cm   Cm/Eb   Bb/F   Gm
A nossa casa reflete comunhão.

Orquestra: *Em   Gm*

O sal da terra

Beto Guedes
Ronaldo Bastos

B♭
Am
Am7
Em
Em7
Am7
Em
Em7
Am
Em
Em7
Am
Em
Do
ao
Em
Em7
Am
Em
Am
Em7
Am
Em7
Am
Am7
Em7
Am

TOM - SOL MAIOR
G D7 G

Introdução: G Gm C F C G7 C D7 G

```
     G      Bm/F#  C
Anda, quero te dizer nenhum segredo
     F             C    G7
Falo nesse chão da nossa ca - sa
C                        C/G
Vem que tá na hora de arrumar
     G    Bm/F#                 C
Tempo, quero viver mais duzentos anos
     F              C    G7
Quero não ferir meu semelhante
C                      C/G
Nem por isso quero te ferir.
Bb                      F
Vamos precisar de todo mundo
Bb                     F/C   F
Para banir do mundo a opressão
Dm        Dm7        G
Para construir a vida nova
Bb                      F
Vamos precisar de muito amor
Dm       Dm9       G
A felicidade mora ao lado
Bb                     Am    Am7
E quem não é tolo pode ver
Em  Em7     Am7
  A paz na Terra, amor,
Em  Em7    Am
  O pé na Terra
Em  Em7    Am
  A paz na Terra, amor,
Em         G
  O sal da Terra
Bm/F#              C
  És o mais bonito dos planetas
F                  C   G7
Tão te maltratando por dinheiro
C                       C/G
Tu que és a nave nossa irmã
  G    Bm/F#               C
Canta, leva tua alma em harmonia
F                   G   C7
E nos alimenta com seus fru - tos
C                    C/G
Tu que és do homen a maçã
Bb                      F
Vamos precisar de todo mundo
Bb                    F/C    F
Um mais um é sempre mais que dois
Dm         Dm7         G
Prá melhor juntar as nossas forças
Bb                F
E só repartir melhor o pão.
Dm        Dm9       G
Recriar o paraíso agora
Bb                    Am   Am7
Para merecer quem vem depois
Em  Em7    Am       Em7     Am
  Deixa nascer o amor, deixa fluir o amor,
  Em7      Am    Am7   Em
  Deixa crescer o amor, deixa viver o amor.
Em           G
  (O sal da Terra)
```

Podres poderes
Balada Rock

Caetano Veloso

Ab
Ab7M
Ab6
C7
Db7M
Gb7
Ab
C7
Db 7M 9
Gb
Gb7M
Ao
várias vezes
e
Dm
Bb7
C
Bbm/Db
Dm
Bb7
Dm

TOM - RÉ MENOR
Dm A7 Dm
Introdução: Ab Bbm C4/Eb C7

[F7M] Enquanto os homens exercem [F7M]
[F6] Seus podres [G/F] poderes

Motos e fuscas avançam os sinais
[Bb7 4] Vermelhos e perdem os verdes [C7]
[Bbm/Db] Somos uns [Dm] boçais.
(Solo Bb7M)

[F] Queria querer gritar
[G7] Setecentas mil vezes

Como são lindos. Como são lindos,
[Bb7M] Os burgueses e os japoneses [C7]
[Bb7M/Db] Mais tudo é muito [Db/Eb] mais. [Eb]

[Ab7M] Será que nunca faremos senão confirmar [Ab6] [C7]

A incompetência da América Católica
[DbM] Que sempre precisará de ridículos tiranos [Gb7]
[Ab] Será, será, que será que será que será, [C7]

Será que esta minha estúpida retórica
[Db7M] Terá que soar, terá que se ouvir
[Gb] Por mais mil [Gb7M] anos.

[F7M] Enquanto os homens exercem [F7M]
[F6] Seus podres [G/F] poderes

Índios, padres e bichas e mulheres [Bb7M]
E adolescentes [C7]
[Bbm/Db] Fazem o carnaval [Dm]
(Solo Bb7M)

[F] Queria querer cantar afinado com [G/F] eles

Silenciar em respeito ao seu transe
[Bb7M] Num êxtase
Ser indecente [C7] mas tudo é muito [Bbm/Db] mal, [Db/Eb] [Eb]

[Ab] Ou então cada paisano e cada capataz [Ab7M] [Ab6] [C7]

Com sua burrice fará jorrar sangue demais
[Db] Nos pantanais, nas cidades e caatingas
[Gb7] E nos Gerais;

[Ab] Será que apenas os hermetismos pascoais [C7]

Os tons, os mil tons, seus sons
E seus dons geniais [Db7M]

Nos salvam, nos salvarão dessas trevas [Gb]
E nada mais. [Gb7M]

[F7M] Enquanto os homens exercem [F7M]
[F6] Seus podres [G/F] poderes
Morrer e matar de fome, de raiva e de sede [Bb7M]
São tantas vezes [C7] gestos naturais. [Bbm/Db]
(Solo Bb7M)

[F] Eu quero aproximar o meu cantar vagabundo [G/F]
Daqueles que velam pela alegria do mundo [Bb7M]
Bis - Isto mais fundo [C] tins e Bens e tais. [Bbm/Db] [Db/Eb]

Lua e flor

Oswaldo Montenegro

Bm
C
G
D
F♯7
Bm7
Em7
A7
D
D
A7
D
Am7
D9-
G7M
Gm6
Bm
Bm7
Em7
A7
A4
G/D
D
C7M
Bm
B♭7M
G/A
D

TOM - RÉ MAIOR
D A7 D
Introdução: D A/C# G/B C7+ Bm7 D D+ Bm7 Em G F#m Em7 A4 A7

D
Eu amava

       A/C#
Como amava algum cantor

     Bm C
De qualquer clichê de cabaret

G   D D5+
De lua e flor,

Bm
Eu sonhava

   Bm7 Em7
Como a feia na vitrine

  A7
Como carta

       D
Que se assina em vão.

D
Eu amava

      A/C#
Como amava um sonhador

    Bm
Sem saber porque

  C   G D F#7
E amava ter no coração,

Bm7
A certeza

    Bm7 Em A7
Ventilada de poesia

Em   A7
De que o dia

     D
Não amanhece não

D
Eu amava

      Am7 D9-
Como amava um pescador

     G7M
Que se encanta mais com a rede

    Gm7
Que com o mar,

Bm
Eu amava

 Bm7   Em7
Como jamais poderia

A7 G
Se soubesse

     D
Como te contar

Orquestra: C7M Bm Bb9 B7M G/A A7 D

Dançando lambada

Lambada

José Maria

E7
Am
A7
Dm
E7
Am
Am
E7
Am
E7
Am
Côro
Am
E7
Am
E7
Voz
Am
E7
Am
A7
Dm
E7
Am
Ao
e
Voz
Am
Ao A
e
Am
Ao
e 2º

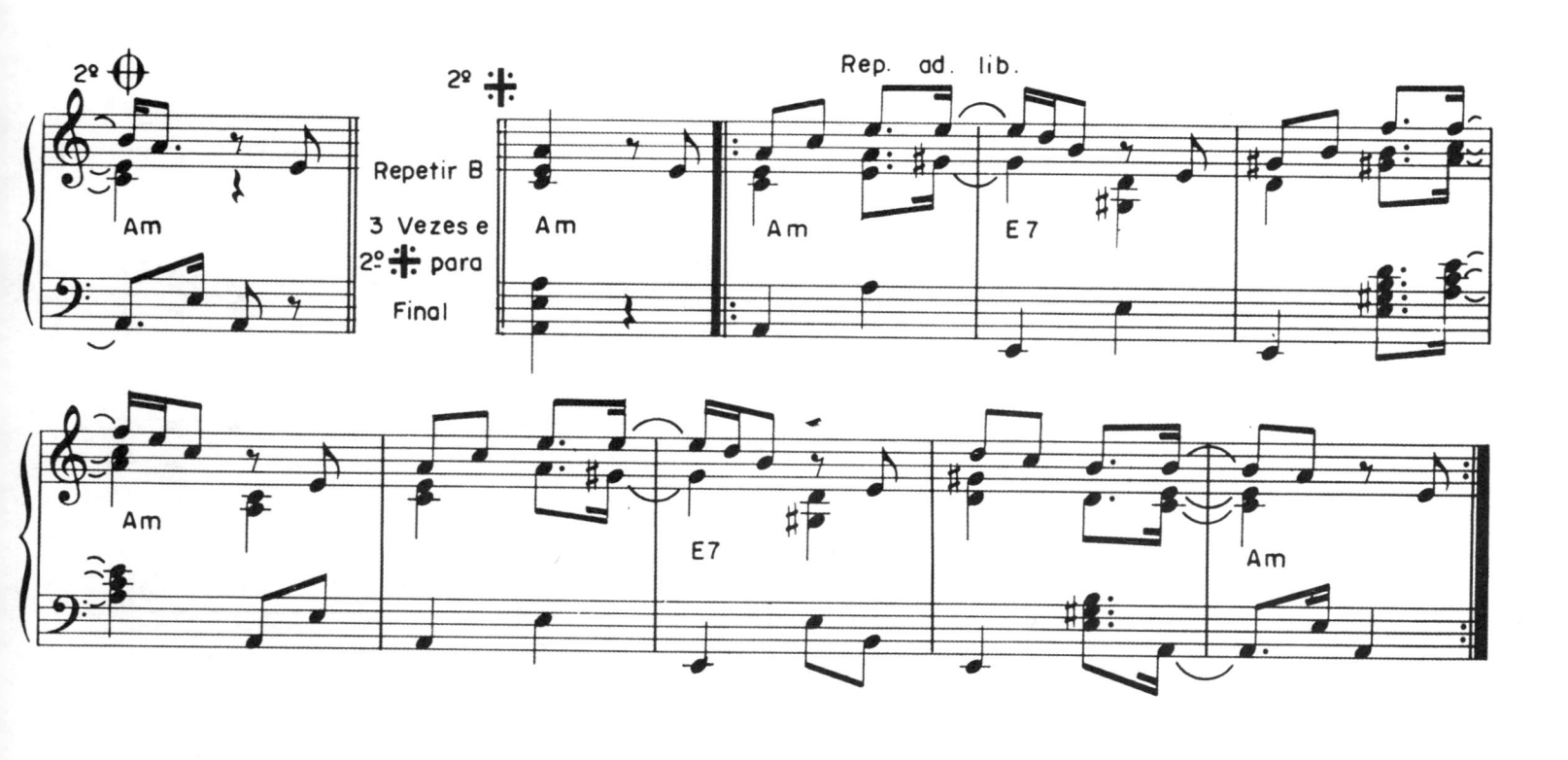

TOM - LÁ MENOR
Am E7 Am
Introdução: *Am E Am E Am*

Morena cintura de mola (E7)

Bem juntinho me faz relaxar (Am)

Esquecer dessa coisa faceira (E7)

Desse jeito não sei o que será (Am)

Felizmente morena você (A7 / Dm)

Na lambada me faz delirar. (E7 / Am)

BIS { Dançando lambada ê (Am / E7)
Dançando lambada lá. (Am)

Com jeitinho neguinha me diz (E7)

Bem juntinho escorregando tá (Am)

De tantos desejos e piques (A7 / Dm)

Sua pele lisa devo teu corpo roçar, (E7 / Am)

BIS { Dançando lambada ê, etc. (Am / E7)

Morena cintura de mola, etc. (E7)

Canção da criança
Valsa

Francisco Alves
Renê Bittencourt

TOM — SOL MAIOR
G　D7　G

Introdução: E7　Am7　Cm6　Bm7　E7
　　　　　　A13　A13-　D7　G

　　　　A7
Criança feliz

　　　D7　　G
Que vive a cantar

　Em7　　　　A13
Alegre a embalar

A13-　D7　　G/F
Seu　sonho infantil!

　G7　　　C
Ó meu bom Jesus!

　　Cm　　　Bm
Que a todos conduz

　Em7　　　A13
Olhai as crianças

A13-　D7　　G
Do　nosso Brasil.

　C/D　　D7　G　Em7
Crianças com alegria

　Am　　D7　G　Em7
Qual um bando de andorinhas,

A7　　D7　　G Em
Viram Jesus que dizia:

A7　　　D7　　G　G$_9^6$
"Vinde a mim as criancinhas"

Em9　　A7　　D7M Bm7
Hoje, dos céus, num aceno,

Em7　A7　F#m7　Bm7
Os anjos dizem "Amém"

Em　　A7　　D7M Bm7
Porque Jesus Nazareno

Em7　　A7　　D7
Foi criancinha também.

O homem de Nazaré

Claudio Fontana

118

TOM - FÁ MAIOR
F C7 F
Introdução: F C7 F

    F   Bb
Mil novecentos e setenta e três
  F   Bb
Tanto tempo faz que ele morreu
  F   Bb
O mundo se modificou
  F   Bb   Eb C7
Mas ninguém jamais o esqueceu.

C7 F   Bb
E eu sou ligado no que ele falou
  F   Bb
Sou parado no que ele deixou
  F   Bb
O mundo só será feliz
  F   Bb   Eb   C
Se a gente cultivar o amor.

(Ritmo 4 compassos)

BIS
{
  Bb C7
Ei irmão
             F
Vamos seguir com fé
Bb   C7
Tudo que ensinou
             F
O Homem de Nazaré.
}

  F   Bb
Reis e rainhas que esse mundo viu
  F   Bb
Todo povo sempre dirigiu
  F   Bb
Caminhando em busca de uma luz
  F   Bb   Eb C7
Sob o símbolo de sua cruz.

C7 F   Bb
E eu sou ligado no que ele falou
  F   Bb
Sou parado no que ele deixou
  F   Bb
O mundo só será feliz
  F   Bb   Eb C7
Se a gente cultivar o amor.

(Ritmo: 4 compassos)

BIS
{
  Bb C7
Ei irmão
             F
Vamos seguir com fé
Bb   C7
Tudo que ensinou
             F
O Homem de Nazaré.
}

        Bb
Ele era um rei
                       Am
Mas foi humilhado o tempo inteiro
                  G7
Ele foi filho de um carpinteiro
                C7
E nasceu em uma manjedoura.

    Gm
Não saiu jamais
    C7   Am7
Muito longe de sua cidade
                 G7
Não cursou nenhuma faculdade
            C7
Mas na vida ele foi doutor.

Bb   C7   F
Ele modificou o mundo inteiro
Bb   C7   F
Ele modificou o mundo inteiro
Bb   C7   F
Ele modificou o mundo inteiro
Bb   C7   F
Ele revolucionou o mundo inteiro.

(Ritmo 4 compassos)

BIS
{
  Bb C7
Ei irmão
             F
Vamos seguir com fé
Bb   C7
Tudo que ensinou
             F
O Homem de Nazaré.
}

O xote das meninas

Baião

Luiz Gonzaga e
Zédantas

© Copyright 1953 by IRMÃOS VITALE S/A. Ind. e Com.
Todos os direitos autorais reservados para todos os países. All rights reserved.

F Gm A7 Dm Gm A7
Dm Gm C7 F B♭ A A7
Dm B♭ A7 Dm B♭ A7
Dm Gm/B♭ A7 Dm Gm7 A7
1. Dm
2. Dm D7
AO , 𝄋
E
F C7 F FIM

TOM - FÁ MAIOR
F C7 F
Introdução: Dm D7 Gm Dm C C7 F G7 C7 F
C7 F

       F   Bb   F
Mandacarú, quando fulorá na sêca
       Cm   F7   Bb
É um sinal qui a chuva chega no sertão
      Gm7
Toda minina
    Bb   F
Que enjôa da boneca
   Dm   Gm7
É sinal qui o amô
  Bb   F
Já chegô no coração.
Cm7   Bb
Meia comprida
             F
Não qué mais sapato baxo
 Dm   G7
O vestido bem sintado
     Bb   F
Nunqué mais visti timão

         Gm
BIS { Ela só qué
     A7   Dm
    Só pensa em namorá.

I

        Gm
De manhã cedo
 C7   F
Já tá pintada
Bb   A7
Só vive suspirando
         Dm
Sonhando acordada
Bb   A7
O pai leva ao dotô
       Dm
A fia adoentada.
           Bb
Num come, nem istuda
A7   Dm
Num dorme, num qué nada

         Gm
BIS { Ela só qué
     A7   Dm
    Só pensa em namorá.

II

       Gm
Mas o dotô
C7 F
Nem examina
Bb   A7
Chamando o pai dum lado
            Dm
Lhe diz logo em surdina
     Bb   A7
Qui o mal é da idade
           Dm
E que prá tal minina
           Bb
Num tem um só remédio
A7   Dm
Em toda a medicina,

         Gm7
BIS { Ela só qué
     A7   Dm
    Só pensa em namorá.

Olê - Olá

Samba-Canção

Chico Buarque de Holanda

124

TOM - MI MENOR
Em B7 Em
Introdução: Em Am7 B9- Em

[D9]Não chore ainda [G7M]não
Que eu tenho um [C7M]violão
E nós vamos [Em6]cantar,
[D9]Felicidade, [G7M]aqui
Pode passar e [C9 11+]ouvir
E se ela for de [Em]samba
Há de querer [Am7]ficar - [B9]ar - [Em]ar

[C13]Seu padre, toca o [F6]sino,
Que pra [C#7]todo mundo [F#13]saber
Que a noite é [D7]criança,
Que o samba é [G]menino,
Que a dor é [G6 9]tão [Eb9]velha
Que pode [Ab]morrer
Olê Olê [D4]Olê [D/C]Olá [Bm7]
[C7M]Tem samba de [C3m7]sobra,
[C7M]Quem sabe [B9-]sambar
Que entre na [C7M]roda,
Que mostre o [C/Bb]gingado, [F]
Mas muito [B7]cuidado,
Não vale [Em6]chorar.

Não chore ainda [G7M]não
Que eu tenho uma [C7M]razão
Prá você não [Em6]chorar,
[D9]Amigo, me [G7M]perdoa
Se eu insisto à [C9 11+]toa
Mas a vida é [Em]boa
Para quem [Am7]cantar - [B9-]ar - [Em]ar.

[C13]Meu pinho toca [F6]forte
Que é prá [C#7]todo mundo [F#7]acordar,
Não fale da [D7]vida
Nem fale da [G]morte

Tem dó da [G6 9]me[Eb7]nina,
Não deixa [Ab]chorar,
Olê Olê [D4]Olê [D/C]Olá, [Bm7]
[C7M]Tem samba de [C#m7]sobra,
[C9]Quem sabe [B9-]sambar
Que entre na [C7M]roda,
Que mostre o [C/Bb]gingado, [F]
Mas muito [B7]cuidado,
Não vale [Em6]chorar.

Não chore ainda [G7M]não
Que eu tenho a [C7M]impressão
Que o samba vem [Em6]aí.
[D9]É um samba tão [G7M]imenso
Que eu às vezes [C9 11+]penso
Que o próprio [Em]tempo
Vai passar prá [Am7]ouvir - [B9]ir - [Em]ir.

[C13]Luar, espere um [F6]pouco
Que é pra [C#7]meu samba poder [F#7]chegar
Eu sei que o [D7]violão
Está fraco, está [G]rouco,
Mas a minha [G6 9]voz [Eb7]
Não cansou de [Ab]chamar
Olê Olê [D4]Olê [D/C]Olá [Bm7]
[C7M]Tem samba de [C#7]sobra
[C9]Ninguém quer [C9-]sambar
Não há mais quem [C7M]cante
Nem há mais [C/Bb]lugar [F/A]
O sol chega [D7]antes
Do samba [G13]chegar
Quem passa nem [C7]liga,
Já vai [F/A]trabalhar.
E você, minha [B7]amiga,
Já pode [Em6]chorar.

Você já foi à Bahia?
Samba

Dorival Caymmi

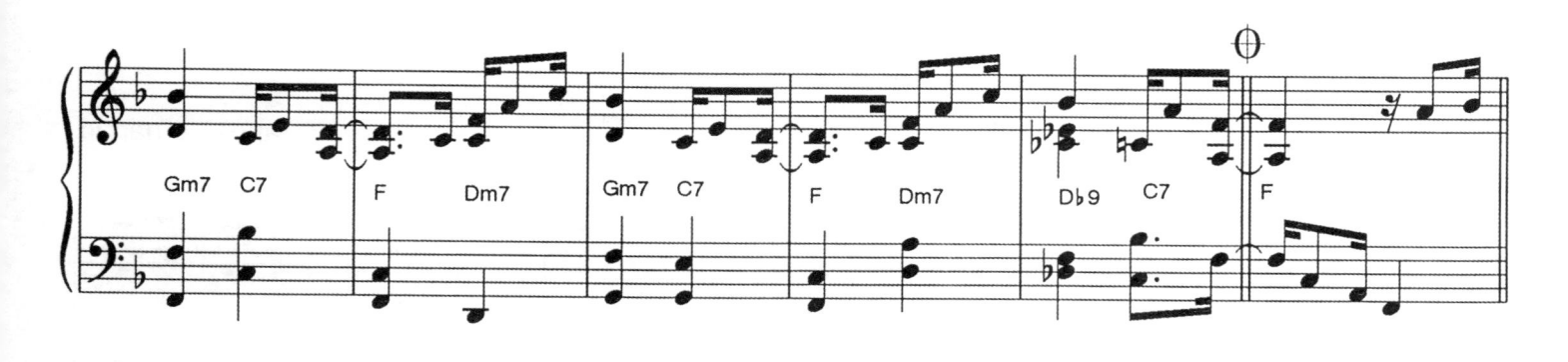

TOM — FÁ MAIOR
F C7 F

Introdução: *Gm7 C7 F/C Dm7 Gm7*
　　　　　　C7 F Dm7 Gm7 C7 F

I

F　　　　　*Gm7*
Você já foi à Bahia, nêga?

C7
Não?

　F
Então vá!

Dm　　　　　　*C7*
Quem vai ao "Bonfim", minha nêga,

C7　　　　　*F6*　*Bb7M*
Nunca mais quer voltar.

F　　*Dm7 G7*
Muita sorte teve,

　　　　C7
Muita sorte tem,

　　　　F7M Am5-
Muita sorte terá

D7　　　　　*Gm7*
Você já foi à Bahia, nêga?

C7
Não?

　F
Então vá!

II

F7M　　　　*Gm7*
Lá tem vatapá

C7　*F/C*
Então vá!

Dm7　*Gm7*
Lá tem carurú,

C7　*F*
Então vá!

Dm7　　*Gm7*
Lá tem munguzá,

C7　*F*
Então vá!

　Dm7　　　*Db9*
Se "quiser sambar"

C7　*F*
Então vá!

III

Am5- D7　　　*Gm7*
Nas sacadas dos sobrados

Gm7 Bbm6 C9- F7
Da velha São Salvador

Dm7　　　　　*G13*
Há lembranças de donzelas,

Bb/C　*C7*　　*F*
Do tempo do Imperador.

Am5- D7　　*Gm7*
Tudo, tudo na Bahia

Bbm6 C7　　*F7M*
Faz a gente querer　　bem

Dm　　　　　*G13*
A Bahia tem um jeito,

Bb　*C7　F*
Que nenhuma terra tem.

127

Banho de cheiro

Carlos Fernando

© Copyright 1983 by ASAS DA AMÉRICA EDIÇÕES MUSICAIS.
All right reserved. Todos os direitos autorais reservados.

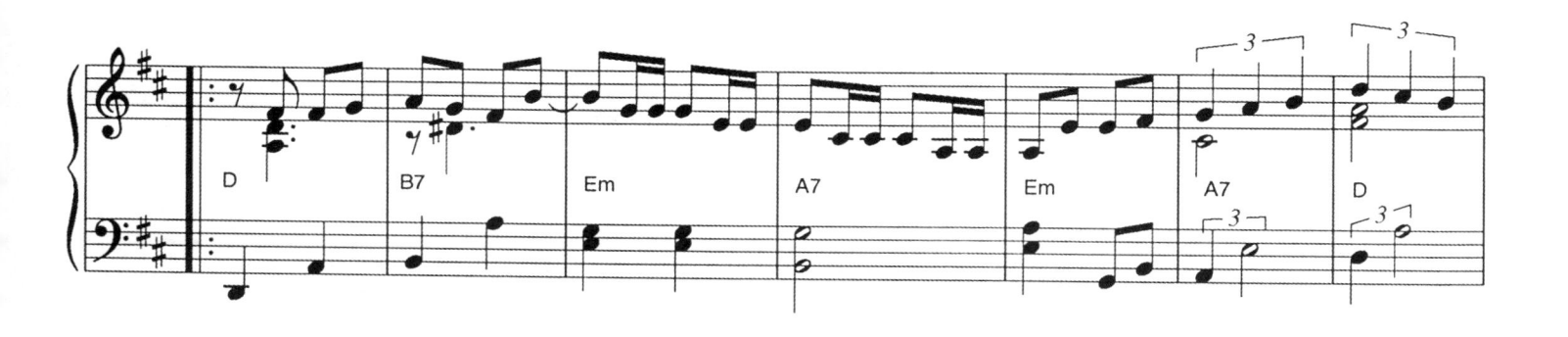

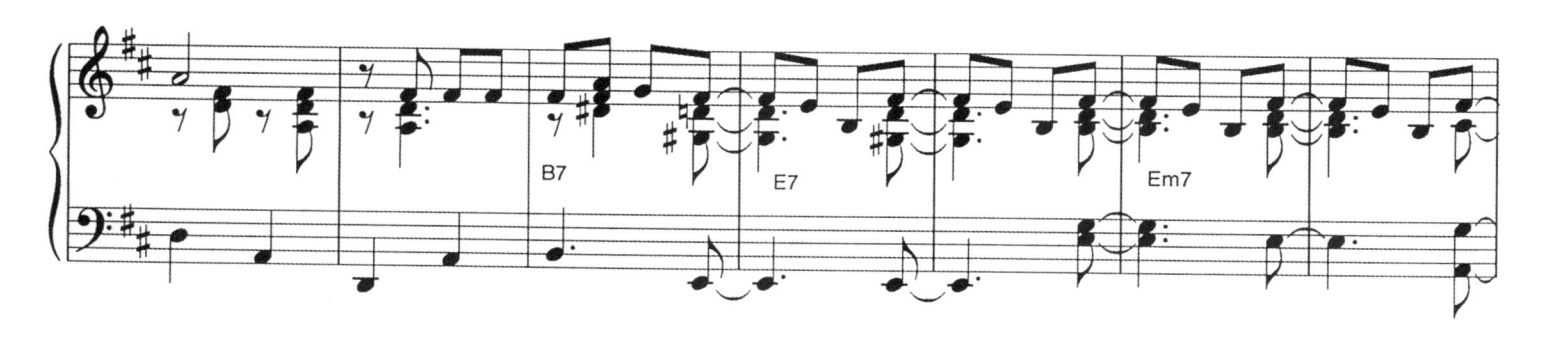

TOM — RÉ MAIOR

D A7 D

Introdução: D A7 D

    D   Em
Eu quero um banho de cheiro

               A7
Eu quero um banho de lua

        D
Eu quero navegar

        Em
Eu quero uma menina

            A7
Que me ensine noite e dia

        D
O valor do Bê-a-Bá

  B7   Em
O Bê-a-Bá dos seus olhos

    A7   Em
Morena bonita da boca do Rio

       A7   D
O Bê-a-Bá das narinas do rei

   B7   E7
O Bê-a-Bá da Bahia

    Em
Sangrando alegria

         A7   D
Magia, Magia, nos filhos de Gandi

     B7   Em
No Bê-a-Bá dos baianos

          A7   Em
Que charme bonito, foi o santo que deu

      A7   D
No Bê-a-Bá do Senhor do Bonfim

     B7   E7
No Bê-a-Bá do sertão

       Em
Sem chover, sem colher

        A7
Sem comer, sem lazer,

        D
No Bê-a-Bá do Brasil

Farinhada
Baião

Zédantas

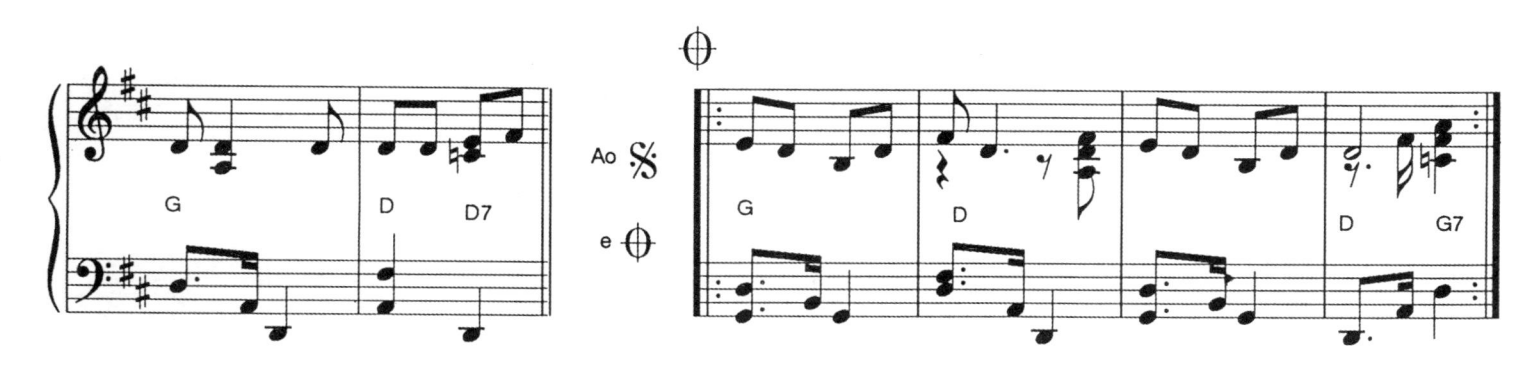

TOM — RÉ MAIOR

D A7 D

Introdução: D A7 D G A7 D

       D   *G*   *D*
Tava na peneira eu tava peneirando

Bis   *Bm7*   *Em*   *D*
Eu tava num namoro eu tava namorando.

      G   *D*
Na farinhada lá da Serra do Teixeira

   Bm7   *Em*   *G/A*   *D*
Namorei uma cabôca nunca vi tão feiticeira

 D7 *G*   *D*
A mininada descascava macaxeira

         G   *D*
Zé Migué no caititú e eu e ela na peneira.

  D   *G*   *D*
Tava na peneira eu tava peneirando

Bis   *Bm7*   *Em*   *D*
Eu tava num namoro eu tava namorando.

       G   *D*
O vento dava sacudia a cabilêra

   Bm7   *Em*   *G/A*   *D*
Levantava a saia dela no balanço da peneira

 D7 *G*   *D*
Fechei os óio e o vento foi soprando

          G   *D*
Quando deu um ridimuinho sem querer tava espiando.

  D   *G*   *D*
Tava na peneira eu tava peneirando

Bis   *Bm7*   *Em*   *D*
Eu tava num namoro eu tava namorando.

       G   *D*
De madrugada nós fiquemos ali sozinho

   Bm7   *Em*   *G/A*   *D*
O pai dela soube disso deu de perna no caminho

 D7 *G*   *D*
Chegando lá até riu da brincadeira

      G   *D*
Nós estava namorando eu e ela, na peneira...

Isto é lá com Santo Antônio
Marcha

Lamartine Babo

© Copyright 1934 by EDITORA MANGIONE S/A Sucessora de E. S. MANGIONE.
All rights reserved. Todos os direitos autorais reservados.

TOM - DÓ MAIOR
C G7 C

Introdução: F Am Em7 D#m7 Dm7
G7 C A7 Dm G7 C

Canto I

G7   C
Eu pedi uma oração

F7   C
Ao querido São João

A7   Dm A7
Que me desse um matrimônio

Dm   G
São João disse que não!

Dm7
São João disse que não!

G7   D#º G7
— Isto é lá com Santo Antônio

Coro I

C   G7   C
Eu pedi numa oração

F7   C
Ao querido São João,

C7   F
Que me desse um matrimônio...

Fº   C/G A7
Matrimônio! Matrimônio!

Dm   G7   C
— Isto é lá com Santo Antônio!

Canto II

G7   C
Implorei a São João

F7   C
Desse ao menos um cartão

A7   Dm A7
Que eu levava a Santo Antônio

Dm   G7
São João ficou zangado...

Dm
São João... só dá cartão

G7   Dº G7
Com direito a batizado...

Coro II

C   G7   C
Implorei a São João...

F7 C
...Desse ao menos um cartão

C7   F
Que eu levava a Santo Antônio

Fº   C/G A7
Matrimônio! Matrimônio!

Dm   G7   C
Isso é lá com Santo Antônio!

Canto III

G7   C
São João não me atendendo,

F7   C
A São Pedro fui correndo

A7   Dm A7
Nos portões do... paraíso...

Dm7   G7
Disse o velho num sorriso

Dm7
— Minha gente sou chaveiro

G7   Dº G7
Nunca fui casamenteiro...

Coro III

C   G7   C
São João não me atendendo,

F7   C
A São Pedro fui correndo

A7   Dm A7
Nos portões do paraíso...

Fº   C/G A7
Matrimônio! Matrimônio!

Dm   G7   C
Isso é lá com Santo Antônio!

Me chama

Lobão

TOM - SOL MAIOR
G D7 G
Introdução: G D7 G

        Gm7
Chove lá fora

   G7
E aqui...

      G7
Tá tanto frio

Em   D4 D C
Me dá vontade de saber

G   G7M
Aonde está você

G7   C
Me telefona

Em
Me chama

D4
Me chama

   A C
Me chama

G   Em
Nem sempre se vê

           D
Lágrimas no escuro

Em   D4 Em
Lágrimas no absurdo

Am7 D7 C
Lágrima...

G   G7M   G7
Tá tudo cinza sem você

    C
Tá tão vazio

        D4   C
E a noite fica sem porque

G   G7M
Aonde está você

G7   C
Me telefona

Em
Me chama

D4
Me chama

   A C
Me chama

G   Em
Nem sempre se vê

        C
Mágica no absurdo

Em   D Em
Nem sempre se vê

Am7   D7 C
Lágrimas no escuro.

Sem compromisso
Samba

Nelson Trigueiro
Geraldo Pereira

TOM — SOL MENOR
Gm D7 Gm

Introdução: *Cm7 D7 Gm A7 D7 Gm/Bb D7*

    Gm7   *Am6*
Você só dança com ele

  D7   *G4*   *G7*
E diz: — Que é sem compromisso

    Cm   *F7*
É bom acabar com isso

  Bb7M   *D5+*
Não sou nenhum Pai-João

   Gm   *Am6*
Quem trouxe você fui eu

  C/D G4   *G7*
Não faça papel de louca

  Cm Cm7   *D9-*
Prá não haver bate-boca

D7   *Gm*   *Am7*
Dentro do salão.

    Dm   *Cm7*
Quando toca um samba

  F7   *Bb7M*
Eu lhe tiro prá dançar

   D7
Você me diz:

     D7 A D9   *G7*
Não, eu agora tenho par

Cm   *Cm7*   *F7*
E sai dançando com ele

 Gm7
Alegre e feliz

Em5-   *A7*
Quando pára o samba

   D7   *Gm D7*
Bate palmas e pede bis.

(Ao princípio para acabar)

  D7   *Gm D7 Gm*
Dentro do salão.

A volta

Roberto Menescal
Ronaldo Boscoli

TOM — FÁ MAIOR
F C7 F

Introdução: F C7 F Gb7M⁹ F

    F7M   Dm7
Quero ouvir sua voz

   F7M   Gm7   C7
E quero que a canção seja você

                   Dm7
E quero em cada vez que espero

     Em7   A7
Desesperar se não te ver

   Dm7   Bm7
É triste a solidão

E7   A7M   A7m
É longe o não te achar

    Am   Dm7
É lindo o seu perdão

   Gm7   C7
Que festa é o seu voltar

   F7M   Dm7
Mas quero que você me fale.

     Gm7   C7
Que você me cale, caso eu perguntar

   F7M   Dm7
Se o que te fez mais linda ainda

   Bm7   E9
Foi sua pressa de voltar

   Am7   Cm7   F7
Levanta e vem correndo

  Bb7M   Bbm7
Me abraça e sem sofrer

Eb7 Am5-   D7
Me beija longamente

  Gm7   C7
O quanto a solidão

          F Gb7M⁹ F7M
Precisa prá morrer.

Mucuripe
Canção

Antonio Carlos Belchior
Raimundo Fagner

TOM — MI MENOR
Em B7 Em

Introdução: *Em B7 Em*

Bis {
Em   G#°   Am7
As velas do Mucuripe

*   D7*
Vão sair para pescar

B/D#   Em
Vou levar as minhas mágoas

*   Cm6   Em/D*
Pras águas fundas do mar.

*   C#m7*
Hoje à noite namorar

*   Am6/C*
Sem ter medo de saudade

*   B7   Em*
Sem vontade de casar.
}

*   E9-   Am*
Calça nova de riscado

*   D79*
Paletó de linho branco

*   Em*
Que até o mês passado

*   Em7M   Em/D*
Lá no campo inda era flor

*   C*
Sob o meu chapéu quebrado

*   C#m5-*
O sorriso ingênuo e franco

*   F#13*
De um rapaz novo encantado

*   F#13-   F#m5-*
Com 20 anos de amor

Em   Am7
Aquela estrela é dele

C#m5- Am/C F#m5-   B7   Em
Vida, vento, vela, leva-me... daqui!

Aguenta coração

Prêntice, Ed Wilson e
Paulo Sergio Valle

    D   **F#m**
Coração diz prá mim

     Em
Porque é que eu fico

          A
Sempre deste jeito,

D   **F#m**
Coração não faz assim,

   Em
Você se apaixona

            A
E a dor é no meu peito.

  Am   **D**
E agora o que é que eu faço,

    Em   **Em5+**
Prá esquecer tanta doçura

  Em7   **Em6**
Isso ainda vai virar loucura,

           A7
Não é justo entrar na minha vida,

         C
Não é certo não deixar saída,

   A
Não é não.

  Bm   **E**
Prá que você foi se entregar,

          A
Se na verdade

              F#m
Eu só queria uma aventura,

Bm   **E**
Por que você não pára de sonhar?

  Em   **A**
Era um desejo e nada mais.

BIS {
   D
Agora aguenta coração

      Bm
Já que inventou essa paixão,

        Em
Eu te falei que eu tinha medo,

         A
Amar não é nenhum brinquedo,

   D
Agora aguenta coração,

       Bm
Você não tem mais salvação,

    Em5-
Você apronta

 A7   **D**
E esquece que você sou eu.
}

Siga

Samba-Canção

Fernando Lobo e
Helio Guimarães

TOM - MI MAIOR
E B7 E
Introdução: *E B7 B*

    Eb7M   Ab7
Siga, vá seguindo o seu caminho

   Db   C7   Fm7   C9-
Vá, escolha o rumo que quiser

Fm
              Bb7   Eb7M   C7
Quem sabe do mundo sou eu vagabundo

Fm
                Bb7
Das estradas e do tempo,

  Eb7M Fm7 Bb13 Eb7M   Ab7
Eu sei,   passa o tempo passa a vida passa

 Db7M   C7   Fm9   Fm7
Eu já não sei mais o que eu sou

          Bb7   Eb7M C7
Quem sabia do mundo era eu vagabundo

Fm7
           Bb7   Eb7M Ab Bb Eb7M 9
Das estradas do tempo cansei.

Tetê

Samba-Canção

Roberto Menescal e
Ronaldo Boscoli

TOM - DÓ MAIOR
C G7 C
Introdução: *Em7 A7 Dm7 G7*

    C7M
Tetê

  C5+   F6
Você sabe tudo tá bem

  F#m7   B7   Em7
Mas eu lhe garanto Tetê

    Gm7   C7   F6   Bb79
Que o mundo dá voltas também, Tetê

Em7   A7
Hoje sou eu,

Dm7   G7 C7M
Quem vai dizer, Tetê

 C5+   F6
Você sabia demais

  F#m7   B7   Em7
Não viu que o tempo passou

 Gm7 C7   F6
E fez de você nunca mais

 Bb79
Tetê

    Em7   Eb7
Não chora Tetê

  Ab7M G7   C   Ab9 G13
Não pode Tetê, segue em paz

                         C
Para terminar: segue em paz: *A9 D7M C7M*

Cais

Milton Nascimento
Ronaldo Bastos

TOM — LÁ MENOR
Am E7 Am

Introdução: *Gm7 Em5- Gm9 Em5- Am7 E7*

    Am7   *Am6*
Para quem quer se soltar

       Am7
Invento o cais

Am6   *F7M/A*   *Bb7M*
Invento mais que a solidão me dá

   F7M   *Em7*
Invento lua nova a clarear

    Gm9
Invento o amor,

Gm6   *Gm9 Gm6*   *Am7 Am6 Bm/A*
Eu sei a dor   de   me lançar.

F7M/C   *Em9*
Eu queria ser feliz

    Gm9
Invento o mar

Gm6   *Gm9 Gm6*   *Am7 Am6 Bm/A*
Invento em mim   o   sonhador.

A   *Am6*
Para quem quer me seguir

    Am7
Eu quero mais

Am6   *F7M*   *Bb7M*
Tenho o caminho do que sempre quiz

  Eb7M   *Em7*
É um saveiro pronto prá partir

  Gm9
Invento o cais

Gm6 Gm9 Gm6   *Am Am6 Am7*
E sei a vez   de me lançar.

Universo no teu corpo

Taiguara

TOM — FÁ MAIOR
F C7 F

Introdução: F F7M F7 Bb

      F   F7M   F7   Bb
Eu desisto, não existe essa manhã que eu perseguia

    Bbm7   Db/Eb   F A5+
Um lugar que me dê tregua e me sorria

   Dm   G9   Eb C7
Uma gente que não viva só prá si,

C7   F   F7M   F7   Bb
Só encontro gente amarga mergulhada no passado

   Bbm   Db/Eb   F
Procurando repartir seu mundo errado

A5+   Dm   G7   Eb
Nessa vida sem amor que eu aprendi,

    Bb   Db/Eb
Por uns velhos vãos motivos somos cegos e cativos

 Ab   F4 F7 Bb
No deserto do universo sem amor e é por isso que eu preciso

Db/Eb   Ab   C4
De você, como eu preciso não me deixe um só minuto sem amor,

    F   F7M   F7   Bb
Vem comigo, meu pedaço de universo é no teu corpo

   Bbm7   Db/Eb   F A5+
Eu te abraço, corpo imerso no teu corpo,

   Dm   G7   Eb C7
E em teus braços se une em versos a canção

Ab   F   F7M   F7   Bb
Em que eu digo que estou morto pr'esse triste mundo antigo

   D7M   Eb7/9 A
Que meu porto, meu destino, meu abrigo,

 Db   Db/Eb   Ab
São teu corpo amante e amigo em minhas mãos. *(duas vezes)*

Sábado

José Augusto e
Paulo Sergio Valle

TOM - SOL MAIOR
G D7 G
Introdução: *G D7 G*

      G   D   Em   C
Todo sábado é assim eu me lembro de nós dois

  G   Bm   Em7   Am   D
É o dia mais difícil sem você

 Em   Em7M   Em   A
Outra vez os amigos chamam prá algum lugar

      Am   D
E outra vez eu não sei direito o que vou falar

    G   D   Em   C
Quero explodir por dentro inventar uma paixão

    G   Bm   Em   Am   D
Qualquer coisa que me arranque a solidão

 Em   Em7M   Em7 C#m7 5-
Um motivo prá não ficar outra noite assim

   Am   G   G7
Sem saber se você volta prá mim.

    C   G
Eu já tentei, fiz de tudo prá te esquecer

         D
Eu até encontrei prazer

        C   D   G   G7
Mas ninguém faz como você

     C   G
Quanta ilusão ir prá cama sem emoção

            D
Se o vazio que vem depois

    C   D   G
Só me faz lembrar de nós dois.

A lua e eu

Balada Romântica

Cassiano e
Paulinho Motoka

TOM - FÁ MAIOR
F C7 F
Introdução: *F C7 F*

   ^F   ^Bb   ^F
Mais um ano se passou

   ^Am7   ^Dm7   ^Gm7
E nem sequer ouvi falar seu nome

   ^Gm7 ^C9 ^Gm7
A lua e eu

^Gm7   ^Bb   ^Dm7
Caminhando pela estrada

  ^Am7
Eu olho em volta

^Dm7   ^Gm7
E só vejo pegadas

   ^Bb
Mas não são as suas

^F
Eu sei

Eu sei

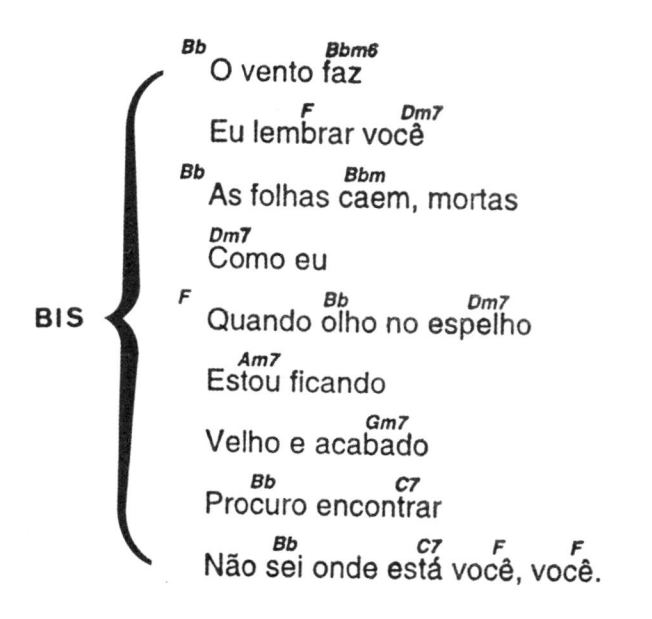

  ^Bb   ^Bbm6
O vento faz

   ^F   ^Dm7
Eu lembrar você

^Bb   ^Bbm
As folhas caem, mortas

^Dm7
Como eu

^F   ^Bb   ^Dm7
BIS { Quando olho no espelho

  ^Am7
Estou ficando

        ^Gm7
Velho e acabado

^Bb   ^C7
Procuro encontrar

   ^Bb   ^C7   ^F ^F
Não sei onde está você, você.

Com mais de 30

Marcos Valle
Paulo Sergio Valle

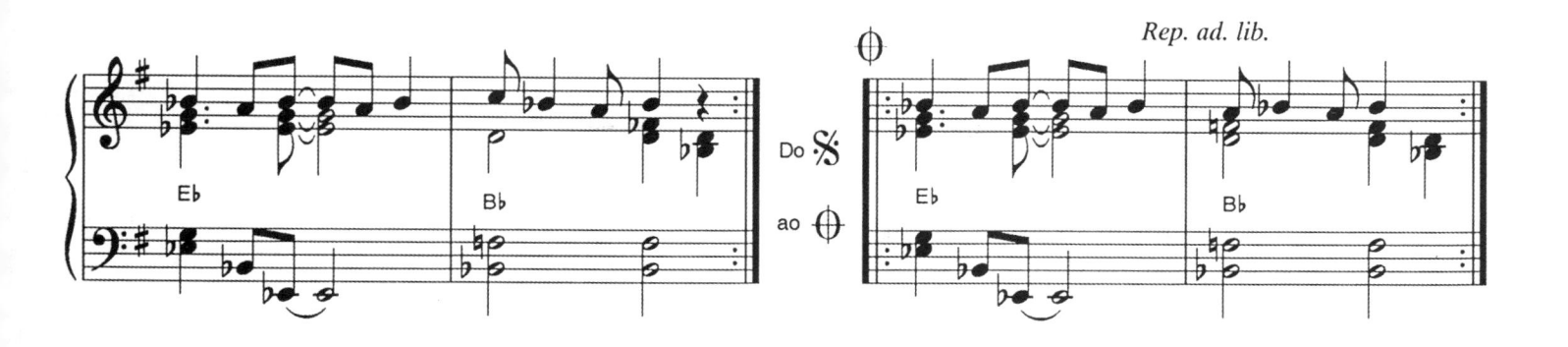

TOM — SOL MAIOR
G D7 G

Introdução: G D7 G

Gdim
Não confie em ninguém com mais de trinta anos

                            C#m5-   A/C#   G
Não confie em ninguém com mais de trinta cruzeiros

            B7   Em
O professor tem mais de trinta conselhos

        C   G/B Am7   Am7   G
Mas ele tem mais de trinta, ô mais de trinta, ô mais de trinta

Gdim
Não confie em ninguém com mais de trinta ternos

                            C#m5-   A/C#   G
Não confie em ninguém com mais de trinta vestidos

      B7   Em
O diretor quer mais de trinta minutos

      C   G/B Am7   Am7   C/D G
Prá dirigir sua vida, a sua vida, a sua vida.

Bb
Eu meço a vida nas coisas que eu faço,

Cm   F7   Bb7M   Bb7
E nas coisas que eu sonho e não faço

Eb   Bb7   Eb   Edim
Eu me desloco no tempo e no espaço, passo a passo

Edim   Bb/F
Faço mais um traço, faço mais um passo, traço a traço,

Bb
Sou prisioneiro do ar poluído,

Cm   F7   Bb7M Bb7
O artigo trinta eu conheço de ouvido

Eb   Bb7   Eb
Eu me desloco no tempo e no espaço,

Ebdim
Na fumaça o mundo novo faço

Bb
Faço o mundo novo na fumaça.

Ilusão à toa

Samba-Canção

Johnny Alf

TOM - MIb MAIOR
Eb Bb7 Eb
Introdução: *Eb9 Gm9 C9-*

Fm
Olha:

            Ab Bb7   Eb7M
Somente um dia longe de teus olhos

Eb   Dm5-   G5+   Cm7
Trouxe a saudade do amor tão perto

         Am5-   D9-   Gm7 Gm5- C5+
E o mundo inteiro fêz-se tão tristonho.

Fm
Mas

      Fm7 Ab Bb13   Eb7M
Embora agora eu te tenha perto,

Ab7 9   Dm5-   G5+   Cm7
Eu acho graça do meu pensamento

        Am5-   D7   Bm7 Am7 G7M
A conduzir o nosso amor discreto.

A13 Ab7M
Sim,

   Ab6   Am5-   D9-   G7M
Amor discreto prá uma só pessoa

      C9-   Fm7
Pois nem de leve sabes que eu te quero

      Abm7   Bb9- Eb7M Ab9 Eb7M
E me apraz esta ilusão à toa.

Canção do amor demais

Vinicius de Moraes
Antônio Carlos Jobim

TOM — RÉ MENOR
Dm   A7   Dm

Introdução: *Dm   B♭7M   A7*

        E9-   *A9-*   *Dm*
Quero chorar porque te amei demais

       E9-   *A7*   *Dm/F*
Quero morrer porque me deste a vida

D9-   *G7*   *G♯*   *A7*
Ai, meu amor, será que nunca hei de ter paz?

    G♯   *Gm*
Será que tudo que há em mim só quer sentir saudade...

A7   *E/G♯ Gm6*   *Dm/F*
E já nem sei o que vai ser de mim

    E/G♯   *Am6*   *D9-*
Tudo me diz que amar será meu fim...

    G7   *G♯*
Que desespero traz o amor

    F/A   *B♭7M*
Eu nem sabia o que era o amor

    Gm9   *A7 Dm*
Agora eu sei porque não sou feliz.

Na batucada da vida

Samba-Canção

Ary Barroso e
Luiz Peixoto

Em7
Ebm7
Dm7 G7
Em7 Dm7
C7M
Gm7
Bb/C C7 9-
F7M
Dm7
G7
C7M
Am7
F#m5-
B7
Em7
F#m5- B7
Em7 C#m5-
C7M B7
Em7 C#m5-
C7M B7
Em7
Em9
Dm7

Dm7 Fm7 G9- Em7 Am7
Dm7 G4 G7 C7M F♯m5- B7 Em7 C♯m5-
C7M B7 Em7 F♯m5- B7 Em7 E7
Am7 3 Dm7 G7 Fm7 Dm5- C 9 7M
A7 Dm 9 7 G7 C F7M C 9 7M Al 𝄋

TOM - DÓ MAIOR
C G7 C
Introdução: F F C/G A7 D7 G7 C Fm6 C

     D#m7   Dm7   G7   C7M
No dia em que apare - ci no mundo
     D#m7   Dm7   G7   C7M
Juntou uma porção de vagabundo
   C7M
Da orgia
   F7M   G7   C7
De noite teve samba e batucada
     Am7   F#m5-
Que acabou de madrugada
 B7   Em7
Em grossa pancadaria..
    D#m7   Dm7   G7   Em   Dm7 C7M
Depois de meu batismo de fumaça
  Gm7   Bb C9- F7M
Mamei um litro e meio de cachaça

Bem puxados
 Dm7   G7   C7M
E fui adormecer como um despacho
  Am   F#m5-
Deitadinha no capacho
 B7   Em7 F#m5- B7
Da porta dos engeitados.

B7   Em7 C#m5-   C7   Em7
  Cresci olhando a vida sem malícia
C#m5-   C7M B7   Em7
  Quando um cabo de polícia
          Dm7
Despertou meu coração
 Fm7   G9-   Em7
Mas como eu fui prá ele muito boa
  Am7   Dm7
Me sortou no mundo à toa
 G4   G7   C7M F#m5- B7
Sem dor nem compaixão.
B7 Em7   C7M   B7 Em7
  Agora que sou mesmo da virada
      F#m7 B7   Em7
Que não tenho nada, nada
E7   Am7
Que por Deus fui esquecida
 Fm7   Dm5-   C7M
Irei cada vez mais m'esmulambando

Seguirei sempre sambando
        G7   C
Na batucada da vida.

Flor do mal
Canção Valsa

Arranjo de
João Portaro

Música de
Santos Coelho

Fm/C
C7
Gm5-
C9-
Fm/C
F7
B♭m
Gm5-
Fm
G7
C7
Fm
Fim
F7
B♭m
E♭7
E♭9
A♭7M
Gm5-
C7
D♭
C7/G
C7
Fm/A♭
C7/G
C7
Fm

Am5-
D7
G7
G 11+
G7
C7
C7
C/B♭
A♭°
1ª
C7/G
F/A
F 7M 9
Am7
D7/A
G 9
C 13
A♭°
G°
2ª
F/A
B♭7M
B♭m6
Rall.
Ao 𝄋 e FIM
F
D9-
G7
C9-
F
B♭m6
F

TOM - FÁ MENOR
Fm C7 Fm
Introdução: *Bbm6 Fm Fm/C C7 Fm*

Fm *C7* *Gm5-*
Oh! Eu me recordo ainda deste fatal dia
C7 C9- *Fm/C* *Fm/Ab*
Que disseste-me Arminda indiferente e fria

Aº *Bb7*
És o meu romance enfim, Senhor
Eb9 *Ab7M* *C9-*
Basta esquecer-te de mim, Amor!

Fm *C7* *Gm5-*
Porque não procurar indagar a causa ou a razão
C9- *Fm/C* *F7*
Porque eu não posso amar, oh! Não indagues não,
Bbm6 Gm5- *Fm* *G7*
Se - rá fácil esquecer, prometer, oh! Minha flor
C7 *Fm*
Não mais ouvir falar d'amor

F7 *Bbm6*
Alma hipócrita, fingido coração
Eb7 Eb9 *Ab7M*
De granito ou de gêlo maldição
Gm5- C7 *D6*
Oh! Espírito Satan, perverso,
C7/G C7 *Fm/Ab* *C7/G* *C7 F*
Titânico chacal do mal no lamaçal imerso.

Am5- *G7 G11+*
Sofrer quanto tenho sofri - do

G7 C7 C/Bb *Abº C7*
Sem ter a consolação
F/A F7M *Am7 G7*
Jesus também foi traído porque

C13 *Abº*
Não posso então?

Gº *Abm5- D7* *G7 G11+*
Não que importa o sofrer feri - no

G7 C7 *C/Bb* *Abº F/A*
Das cousas é ordem natural
Bb7M *Bbm6* *F*
Seguirei o meu destino
D9- *G7*
Chamar-te-ei eternamente
C9- *F Bbm6 F*
Flor do Mal!

Tieta

Paulo Debétio e
Boni

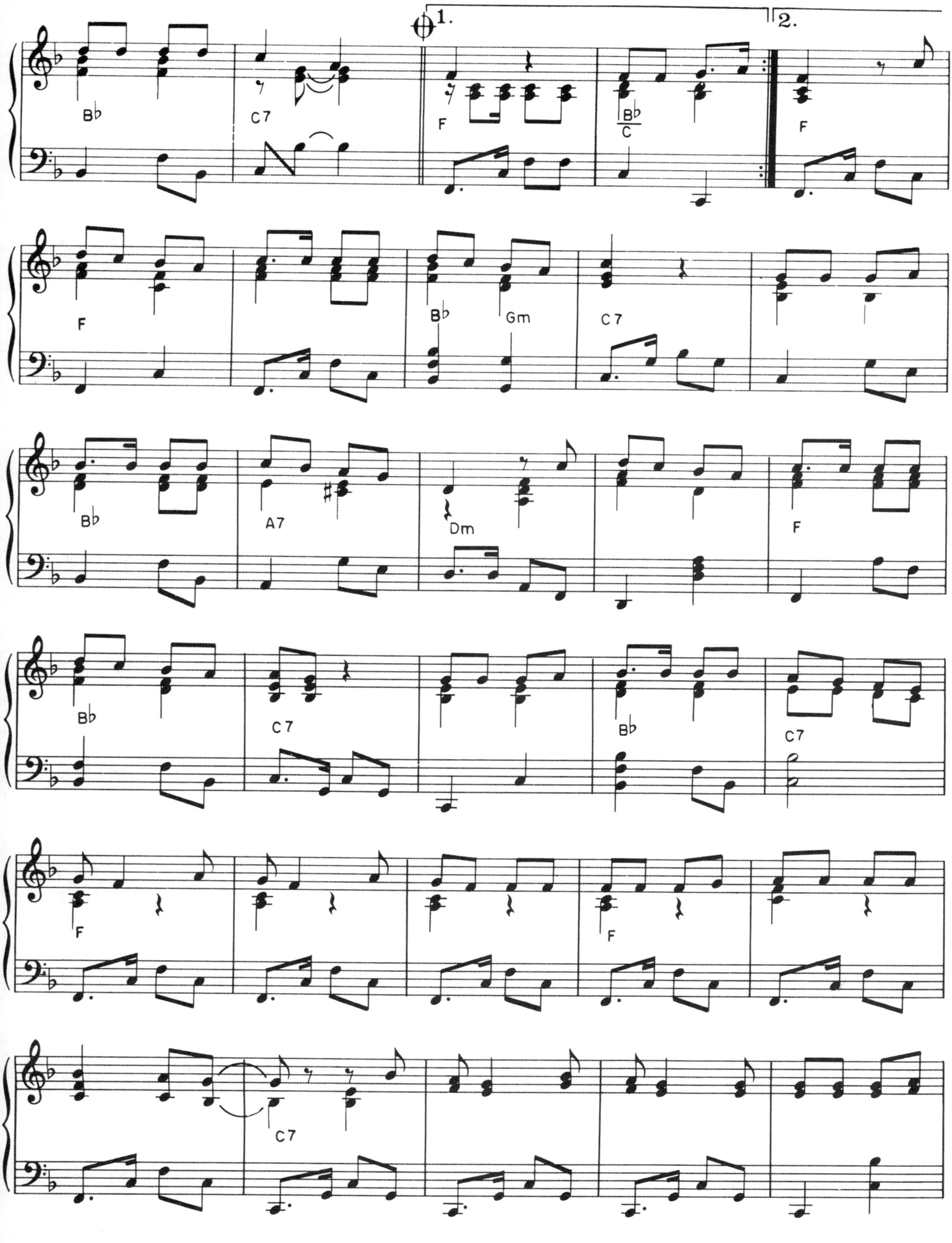
1.
2.
B♭
C7
F
B♭/C
F
F
B♭
Gm
C7
B♭
A7
Dm
F
B♭
C7
B♭
C7
F
F
C7

Gm
C7
F
Bb/C
F
D7
Gm7
C7
F
Ao
c/ rep.
e
Bb
C7
F
Am
Am7
Bb
C7
F
Bb
C7
Dm
F7
Bb
C7
F
F
Ao A
c/ rep. e
até o
F
Ao A
c/ rep. e
FIM

TOM FÁ MAIOR
F C7 F
Introdução: 2 compassos de *F*

F
Vem meu amor
Bb   F
Vem com calor
                 Am Gm
No meu corpo se enroscar
Dm   Gm Dm   C7
Vem minha flor,   vem sem pudor
Bb   C7   F Bb
Em seus braços me matar.

F   Bb Gm C7
Tieta não foi feita da costela de Adão
           Bb   A7   Dm
É mulher diabo, a própria tentação
     F   Bb   C7
Tieta é a serpente que encantava o paraíso
Bb   C7   F
Ela veio ao mundo prá pirar nosso juízo.

F
Tieta, Tieta
                           C7
Pelos olhos de Tieta me deixei guiar
C7
Tieta, Tieta
            Gm   C7   F
No ventre de tieta encontrei o meu lugar
F
Tieta, Tieta
       Bb   F   C7 Gm7
Nos seios de Tieta construi meu ni - nho
         C7   F
Na boca de Tieta morri como um passarinho.

F   Bb Gm C7
Tieta do agreste, lua cheia de tesão
     Bb   A7   Dm
É lua, estrela, nuvem, carregada de paixão
     F   Bb   C7
Tieta é fogo ardente queimando o coração
               Bb
Seu amor mata a gente
C7   F
Mais que o sol do meu sertão.

Pedro Pedreiro
Samba

Chico Buarque de Hollanda

Am7
Em
Am7
B9-
Em
D9
G
E7
Orquestra
Voz
A7
D7
G 9M 7
D9+
G7M
Am7
Am6
Em
B7
Em7
Am7
Em7
Am7
Em
F#7
F#m5-
B7
Am7
B7
Em
Am7
Em
Am7
Em
Am7
A7
D7
B7
Em

176

TOM - MI MENOR
Em B7 Em
Introdução: *D9- (4 compassos)*

  G   Am7   Am6   G7M 9 D9+
Pedro Pedreiro penseiro esperando o trem
  G   Em7   Am7   D7
Manhã, parece, careca de esperar também
Em   B7
Para o trem de quem tem bem
                 Em7
De quem não teve vintém
   Am7   Em
Pedro Pedreiro fica assim pensando
                Am7
Assim pensando o tempo passa
     Em7   F#m5-
A gente vai ficando prá tras
B7
Esperando, esperando, esperando
          Em
Esperando o sol.
        Am7
Esperando o trem
F#m5-   Em
Esperando o aumento
    Am7   B9-   Em7 D9
Desde o ano passado para o mês que vem.
 G   Em7   Am7   Am7   G7M 9 D9+
Pedro Pedreiro penseiro esperando o trem
 G   Em7   Am7   D7
Manhã parece, careca de esperar também
Em   B7
Para o trem de quem tem bem
             Em7
De quem não teve vintém
  Am7   Em
Pedro Pedreiro espera o Carnaval
          Am7   Em7
E a sorte grande do bilhete pela federal
F#m5-   B7
Todo mês esperando, esperando,
        Em   Am
Esperando o Sol, esperando o trem
Am7 F#m° Em   Am
Esperando o aumento para o mês que vem
       Em   Am7
Esperando a festa, esperando a sorte,
        Em   Am7
E a mulher de Pedro está esperando um filho
Am7   B9-   Em D9
Prá esperar também
 G   A7   G7M D9+
Pedro Pedreiro, penseiro, esperando o trem
G7M   Am7   Am6
Manhã, parece, careca de esperar também
Em   B7
Para o bem de quem tem bem
            Em7
De quem não tem vintém

               Am7   Em7
Pedro Pedreiro está esperando a morte
             Am7   Em7
Ou esperando o dia de voltar pro norte
          F#7
Pedro não sabe, mas talvez no fundo
               F#m5-
Espera alguma coisa mais linda que o mundo
B7   Am7
Maior do que o mar
       B7   Em
Mas prá que sonhar
Gm7
Se dá o desespero de esperar demais
        Am7   Em
Pedro Pedreiro quer voltar atrás
         Am7   A7
Quer ser pedreiro pobre nada mais
         D7   B7
Sem ficar esperando, esperando, esperando,
          Em   Am7
Esperando o Sol, esperando o trem,
Am7   Em   Am7
Esperando o aumento para o mês que vem
Am7   Em   Am7
Esperando um filho prá esperar também
        Em
Esperando a festa
        Am7
Esperando a sorte
        Em
Esperando a morte
           F#m5-
Esperando o norte.
F#m5-   Em   Am7
Esperando o dia de esperar ninguém
  B7   Em   Am
Esperando enfim nada mais além
Am   B7   Em   Am6
Que a esperança aflita, bendita, infinita,
   Am6   Em
Do apito do trem,
G9   D7
Pedro Pedreiro, penseiro esperando,
 G   G7M   D
Pedro Pedreiro, penseiro esperando,
 G   D7   F#m5- B7
Pedro Pedreiro, penseiro esperando o trem
    Em   Am7   Em
Que já vem, que já vem, que já vem, etc.
(Diversas vêzes).

O mestre sala dos mares

João Bosco e
Aldir Blanc

Gm7 Gm9 C7 Gm7
C7 Gm7 B♭m6 C7 F
C9- Am5- D9- Gm7 B♭/C
C7/9 F B♭7 F/A A♭° Gm
C7 Gm9 Gm7 B♭m6 C9 F
C9/13 Am7 Dm7 Gm7 C7

1.
2.
F7M
C 9- 13
F7M
Am5-
Am6
Am5-
A
Am5-
Am6
Am5-
D9-
Am5-
Am6
Cm7
F7
B♭7M
B♭5+ 7M
B♭6
B♭5+
B♭7
A♭°
D°
A♭°
Am7
D7
G7
Gm7
C7
F
FIM

TOM - FÁ MAIOR
F C7 F
Introdução: F C7 F

   F
Há muito tempo
  Bb9   F7M   Bb7
Nas águas da Guanabara

  Am7   Abº   Gm7 D9-
O dragão do mar reapareceu
 Gm7   C7
Na figura de um bravo feiticeiro
 Gm7   C7   F7M
A quem a história não esqueceu
Am5- D7   Gm7
Conhecido como o navegante negro
    Em5- A7   Dm7
Tinha dignidade de um mestre-sala
Bbm6 F   Abº   Gm7
  E ao acenar pelo mar, na alegria das regatas
Gm7   C7
Foi saudado no porto
Gm7   C7
Pelas mocinhas francesas
Gm7   Bbm6   C7   C9-
Jovens polacas e por batalhões de mulatas.

  Am5- D9-   Gm7
Ru - bras cascatas
   Bb   C7
Jorravam das costas dos santos
  F7M   Bb7   F
Entre cantos e chibatas
    Abº   Gm
Inundando o coração
C7   Gm7
Do pessoal do porão
Gm7   Bbm7 C7
Que a exemplo do feiticeiro
  F
Gritava então:
C9-13 Am7 Dm7   Gm7
Glória aos piratas

  C
Às mulatas
  F   F7M
Às sereias
Am7   Gm7
Glória à farofa
  C
À cachaça
  F
Às baleias
Am5- Am6   Am7 Am5- Am6
Gló - ria à todas as lutas ingló - rias
Am5-   D7   Am5- Am6
Que através de nossa histó - ria

Cm7   F   Bb7M Bb5+ Bb6 Bb5+ Abº
Não esquecemos jamais
              Am7
Salve o navegante negro
D7   G7
Que tem por monumento
  Gm7 C7   F
As pedras pisadas do cais

Meia lua inteira

(Capoeira Larará)

Carlinhos Brown

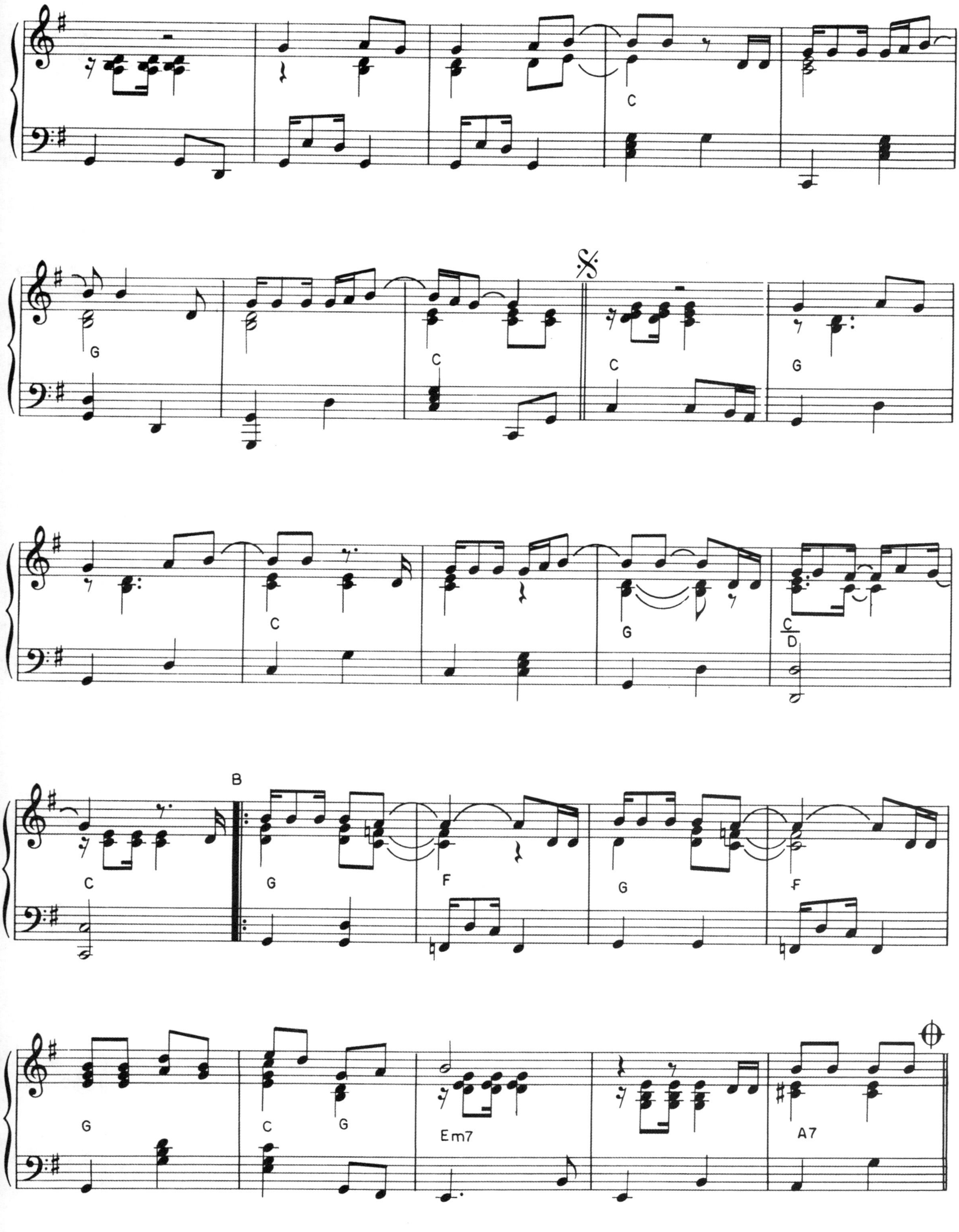

C
G
C
C
G
C
G
C
D
B
C
G
F
G
F
G
C
G
Em7
A7

1.
2.
D7
G
G
G
C
G
C
G
C
G
Orquestra
C
Ao c/ rep. e
C/D
G
Orq.
D.C. ao A e rep. B p/ FINAL

TOM - SOL MAIOR
G D7 G
Introdução: G D7 G

       G
Meia lua inteira

Sopapo na cara do fraco

Estrangeiro gozador,

Coca de coqueiro baixo

             C
Quando o engano se enganou

               C
BIS { São dim, dão, dão, São Bento
                   G
     { Grande homen de movimento
      G   C
     { Martelo de tribunal

G   C
Sumiu na mata a dentro,

         G
Foi pego sem documento

G   C
No Terreiro Regional

      G   F   G   F
Capoeira Larará, Capoeira Larará

        G   D C   G Em
Terça-feira Capoeira Larará

      A7   D7
Tô no pé de onde der Larará

          G   F   G   F
Verdadeiro Larará, derradeiro Larará

         G   C   Em
Não me impede de cantar Larará

     A   G
Tô no pé de onde der Larará.

G
Bimba, biriba a mim que diga

Taco de arame cabeça barriga

G
São dim, dão, dão, São Bento

Grande homem de movimento

      G   C
Nunca foi um marginal

G   C
Sumiu da praça a tempo

      G   C
Caminhando contra o vento

                G
Sobre a própria capital

      C
Capoeira Larará...

Égo

Balanço

Frankye Arduine e
Arnaldo Saccomani

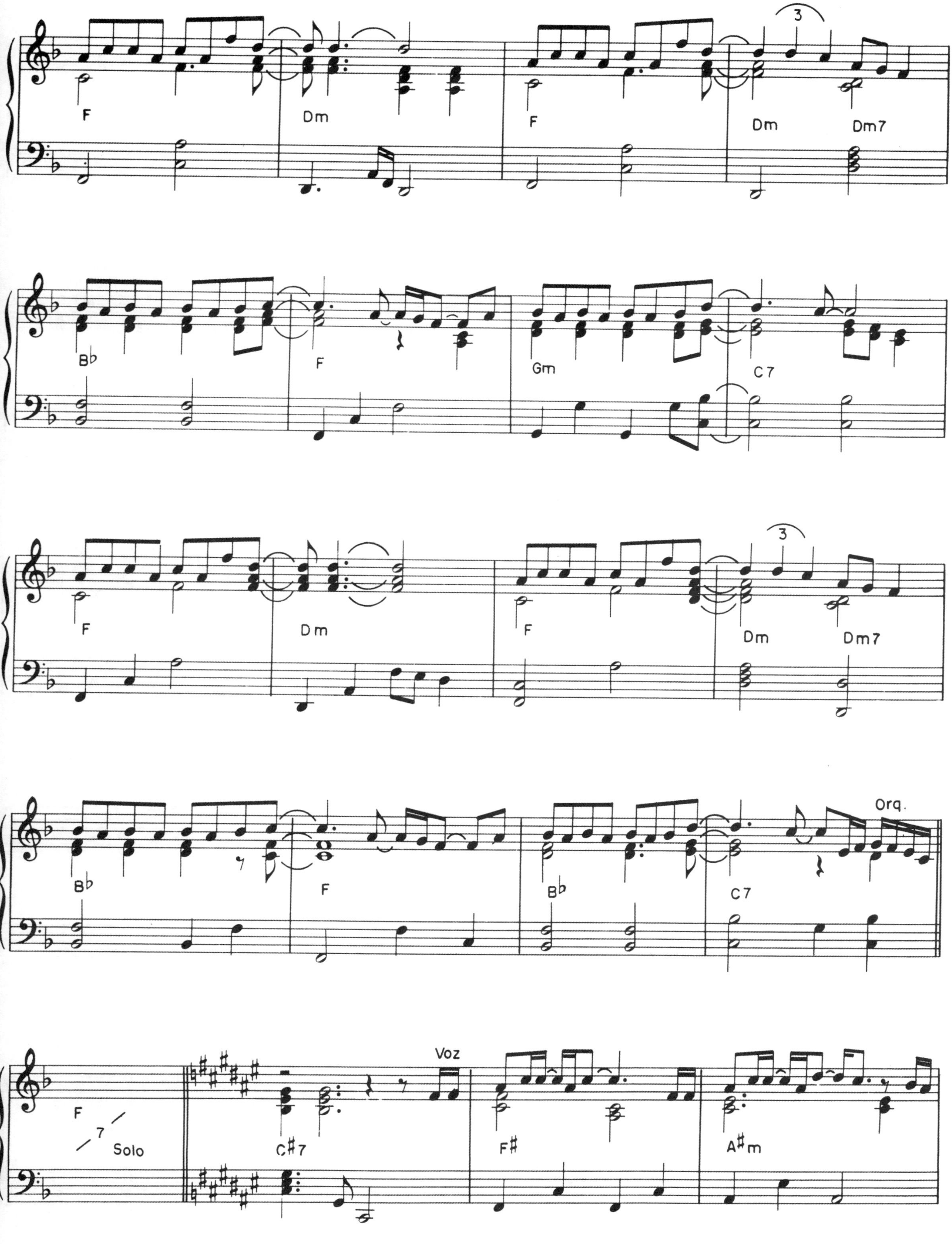
F
Dm
F
Dm
Dm7
Bb
F
Gm
C7
F
Dm
F
Dm
Dm7
Bb
F
Bb
C7
Orq.
F
7
Solo
C#7
Voz
F#
A#m

188

TOM - FÁ MAIOR
F C7 F

Introdução: *Bb6 F/A Gm7 F/A Bb6 F/A G7 C7*

      F
Eu só quero de você
      Am
O que você quer de mim
      Dm
É melhor eu te perder
      Am
Do que ter você assim
      Bb9
Tão distante de nós dois
      Am   Am7
Prá que tanta ironia
      G7
Tudo isto é prá depois
      C7
Vou rasgar a fantasia.

      F
Te conheço muito bem
      Am
Você sempre com esse jogo
      Dm
Fica indo, depois vem
      Am
Vem mexer, brincar com fogo
      Bb9
Esse ego é muito louco
      Am   Am7
Atrapalha tanto a gente
      G7
Nosso tempo já é pouco
      C7
Nosso caso é diferente.

BIS
    F   Dm
Solta o teu cabelo e me chama
    F   Dm Dm7
Tira o teu casaco e me ama
    Bb   F
Puxa esse lençol e me esquece
    Gm   C7
Apaga a luz do dia e adormece.

Solo:

    F#
Te conheço muito bem
    A#m
Você sempre com esse jogo
    D#m7
Fica indo, depois vem
    A#m
Vem mexer, brincar com fogo,
    B   B9
Esse ego é muito louco
    A#m
Atrapalha tanto a gente
    G#7
Nosso tempo já é tão pouco
    C#7
Nosso caso é diferente.

Para finalizar:

    F   Dm
Solta o teu cabelo e me chama

Dona

Sá e Guarabyra

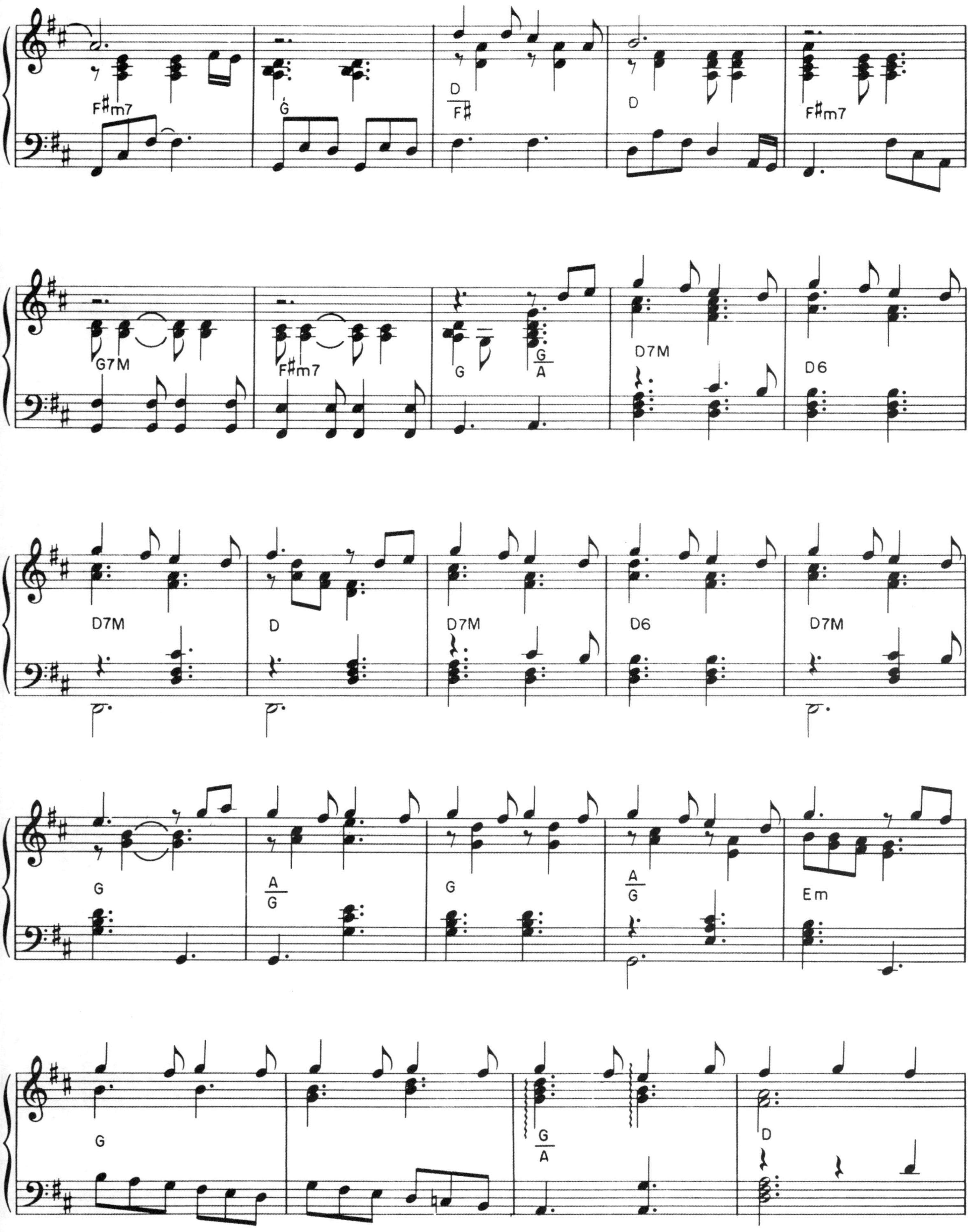
F♯m7
G
D/F♯
D
F♯m7
G7M
F♯m7
G
G/A
D7M
D6
D7M
D
D7M
D6
D7M
G
A/G
G
A/G
Em
G
G/A
D

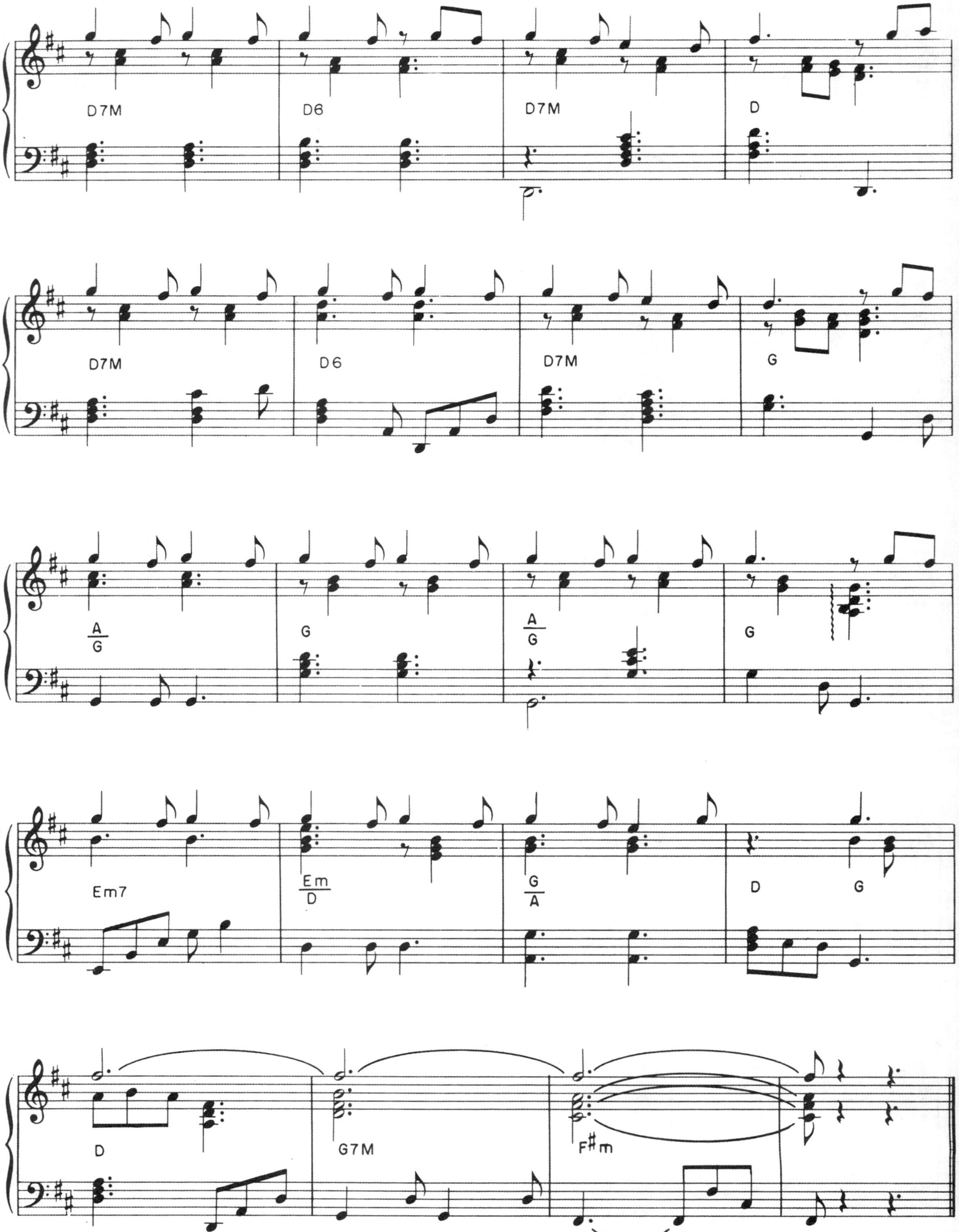
D7M
D6
D7M
D
D7M
D6
D7M
G
A/G
G
A/G
G
Em7
Em/D
G/A
D
G
D
G7M
F#m

TOM - RÉ MAIOR
D A7 D
Introdução: D A7 D

```
   D      F#m7  G  D/F#    F#m  D  F#m G7M F#m7 D      F#m7 G
Dona      desses traiçoeiros                sonhos
   D         F#m7 G F#m7
Sempre verdadeiros
   D    F#m7 G7M D        F#m7 G7M F#m7 D     F#m7 G
Dona      desses animais           Dona
   D        F#m7 G F#m7
Dos teus ideais
          D7M          D6            D7M           D
Pelas ruas onde andas, onde mandas todos nós
          D7M          D6            D7M        G
Somos sempre mensageiros esperando tua voz
        A       G           A          Em
Teus desejos, uma ordem, nada é nunca, nunca é não
         G                              D
Porque tens essa certeza dentro do teu coração
  D     D7M          D6            D7M           D
Tan-Tan-Tan batem na porta, não precisa ver quem é
      D7M          D6           D7M         D6
Prá sentir a impaciência do teu pulso de mulher
     A          G         A         G
Um olhar me atira à cama, um beijo me faz amar
      Em7           Em           G              G    D G7M F#m
Não levanto, não me escondo, porque sei que és minha do - na.

   D     F#m7 G  D        F#m7 G7M F#m7 D     F#m7 G
Dona     desses traiçoeiros              sonhos
   D         F#m7 G F#m7
Sempre verdadeiros
   D    F#m7 G  D        F#m7 G7M F#m7 D     F#m7 G
Dona     desses animais,           Dona
   D        F#m7 G F#m7
Dos teus ideais
 G       D7M           D6           D7M         D
Não há pedra em teu caminho, não há ondas no teu mar
       D7M         D6              D7M         D6
Não há vento ou tempestade que te impeçam de voar
        A            G            A           Em
Entre a cobra e o passarinho, entre a pomba e o gavião
      G                          D
O teu ódio ou teu carinho nos carregam pela mão
 D    D7M          D6          D7M       D
É a moça da cantiga, a mulher da criação
      D7M         D6         D7          G
Umas vezes nossa amiga, outras nossa perdição
      A          G          A         G
O poder que nos levanta, a força que nos faz cair
       Em7            Em        G             G    D G7M F#m
Qual de nós ainda não sabe que isso tudo te faz do - na.
```

Meu mundo e nada mais

Guilherme Arantes

TOM - FÁ MAIOR
F C7 F

Introdução: F° F F° Bb Gm7 C7 F Bb

       F   F° F   Am
Quando eu fui ferido vi tudo mudar
   Cm   F   Eb Eb Bb
Das verdades que eu sabia

   F   F°   F   Am
Só sobraram restos que eu não esqueci
   Cm   F°   Bb
Toda aquela paz que eu tinha

BIS
>   Bb   F   C7   F
> Eu que tinha tudo hoje estou mudo estou mudado
>   Dm   Gm7
> À meia noite a meia luz fechando.
> Bb   F   Bb   C   F
> Daria tudo por um modo de esquecer

  Bb   F   C7   F
Eu queria tanto estar no escuro do meu quarto
           Dm   Gm7
À meia noite a meia luz sonhando
  F   Bb   C   F
Daria tudo por meu mundo e nada mais.

Voltar à introdução: F° F F° Bb Gm7 C7 F B6

   F   F° F   Am
Não estou bem certo se ainda vou sorrir
   Cm   F   Bb Eb Bb
Sem um cravo de amargura

   F   F° F   Am
Como ser mais livre, como ser capaz
    Cm   F   Bb
De enxergar um novo dia.

        Bb   F   C7   F
Voltar à: Eu que tinha tudo hoje estou mudo estou mudado

(Repetir 3 vezes) sumindo para acabar.

Na sombra de uma árvore

Hyldon

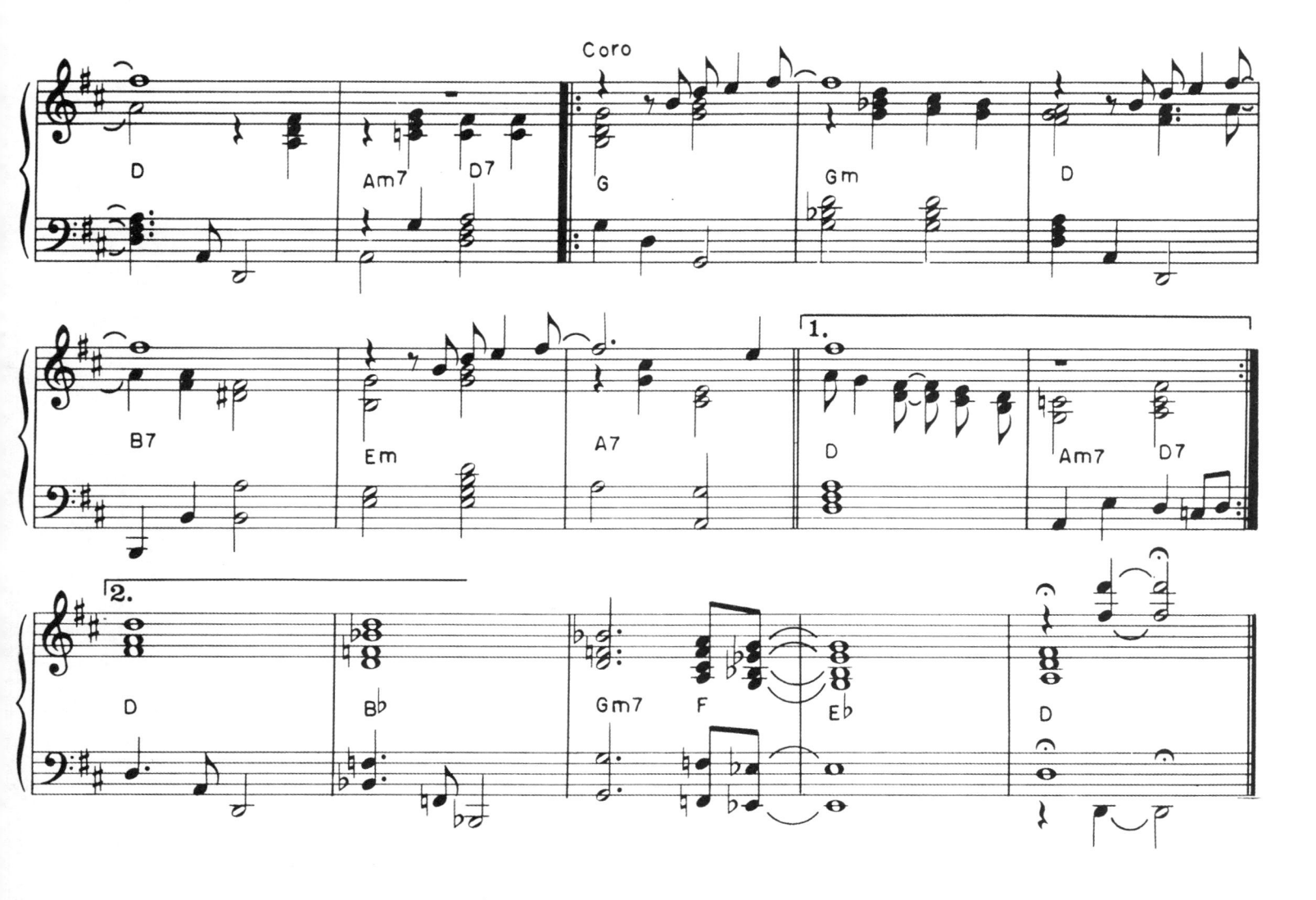

TOM - RÉ MAIOR
D A7 D
Introdução: *D A7 D*

   D   D   C
Larga de ser boba e vem comigo

  D   A7   F#m
Existe um mundo novo e quero te mostrar

              Bm   E7   D/F# E7
Que não se aprende em nenhum livro

               E4   A
Basta ter coragem prá se libertar

      A7
Viver, amar

        D   C
E de que valem as ruas da cidade

  D   D   A7 F#m
Se no meu caminho a cor é natural

           Bm   E7   D/F# E7
Descansar na sombra de uma árvore

E7   A7   D
Ouvindo pássaros cantar,

   D
Cantar

Felicidade
(Schottis da Felicidade)

Schottis-Canção

Lupicinio Rodrigues

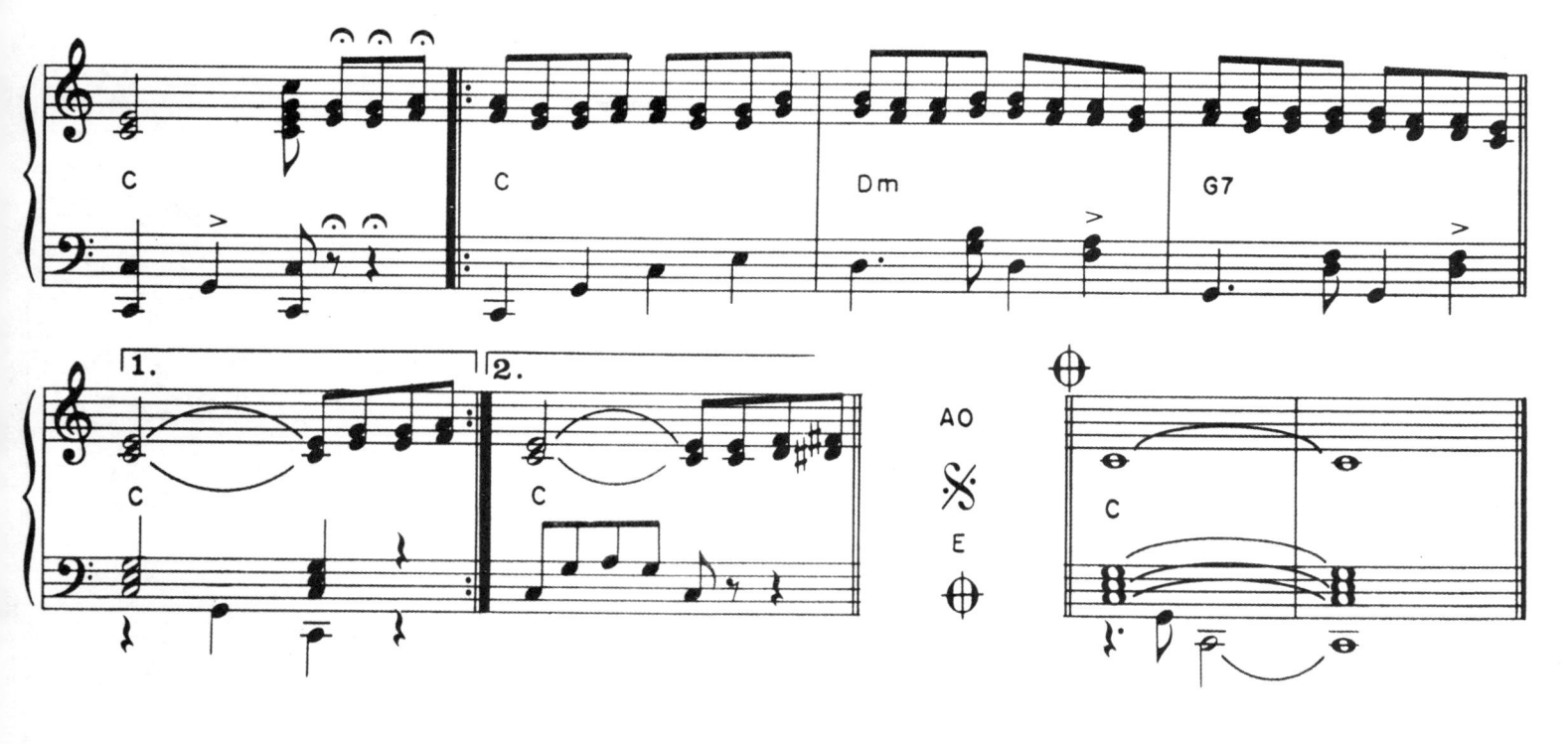

TOM - DÓ MAIOR
C G7 C
Introdução: *C G7 C G7 C/E G7/D C G7/D C*

Côro
{
C
Felicidade foi-se embora
      Dm7

G7
E a saudade no meu peito

C
Ainda mora

E7   Am
E por isso eu gosto lá de fora

A7   Dm   G7
Porque sei que a falsidade

C
Não vigora.
}

II

BIS
{
        C
A minha casa

        Dm
Fica lá detrás do mundo

        G7
Mas eu vou em um segundo

        C
Quando começo a cantar.

      C
Meu pensamento

              Dm
Parece uma coisa à toa

            G7
Mas como é que a gente voa

          C
Quando começa a pensar.
}

Linha do horizonte

Jovem

Paraná e
Paulo Sérgio Valle

TOM - SOL MAIOR
G D7 G
Introdução: G D7 G

G   Am7
É, eu vou pro ar

   G
No azul mais lindo

   D7
Eu vou morar

G   Am7
Eu quero um lugar

     G
Que não tenha dono

   D7
Qualquer lugar.

Orquestra: G Am7 G D7 G Am7 G Am7/D

G   Am7
Eu quero encontrar

   G
A asa dos ventos

  D7
E me guiar

G   Am7
Eu, quero virar

    G
Pássaro de prata

  D7
E só voar

Orquestra: G Am7 G D7 G Am7 G Am7/D

G   Am7
É, aqui onde estou

     G
Essa é minha estrada

   D7
Por onde eu vou

    Am7
E, quando cansar

     G
Na linha do horizonte

   D7
Eu vou pousar.

Repetir Ad-libtum

Disparada

Geraldo Vandré
Théo

© Copyright 1969 by TERRAPLANA EDIÇÕES MUSICAIS LTDA.
All rights reserved. Todos os direitos autorais reservados.

3
G
F♯m7
G
Em9
A9
D
F♯
Bm
G
Em
A7
D
3
Am7
D9
G7M
G6
Bm7
E7
A7M
C♯m7
F♯m7
Bm7
E7
A7
D
F♯7 9+
Bm7
F♯7
G
Em7
G/A
D
G
Em7
Am7
D
4
orq. a tempo
D
Am7
G
D
Am7
G
D
Am7
G
D
F
A7
D
Voz
5

A7 D A7 D G
F♭m G Em7 A9 D G7M F♯7 Bm G Em/A A7 D
D A7 D A7 D
G F♯m7 G Em7 A7 D F♯7
Orquestra
Voz 6
Bm G Em A7 D D G D A7
D A7 D G F♯m7 G

A9
D
F♯7
Bm7
G
Em
A7
D
A7
D
A7
D
G
G7M
F♯m7
G
Em7
A7
D
F♯7
Bm
Em
A7
D
7
D7
G
E7
A7
F♯7
Bm7
A7
D
D
F♯ 9+ 7
Bm7
F♯7
G
Em7

A7 4
D G
Em A7 D
D
G
D
Voz 8
A7
D
A7
D
G
F♯m G7M
Em7 A7
D
F♯7
Bm G
Coda
Em A7 D
D
ao 7 e ¤
D
ao 8 e Coda
Coda
D
Am7 D7
G Em7
A7 D
D
Am7 D7
G Em7
A7 D
D

TOM - RÉ MAIOR
D A7 D
Introdução: Am7 G Am7 G D Am7 G
F A7 D

```
      A7              D
Prepare o seu coração
      A7        A9    D
Prás coisas que eu vou contar
G              F#m7
Eu venho lá do sertão
G      Em7   A7    D7M
Eu venho lá do ser - tão
G7M    F#7       Bm
Eu venho lá do sertão
G      Em7  G/A  D
E posso não lhe agradar.

      A7         D
Aprendi a dizer não
      A7         D
Ver a morte sem chorar
G                F#m7
E a morte, o destino, tudo
G      Em7  A7   D
E a morte, o destino, tudo
F#7        Bm
Estava fora do lugar
G     Em    A7   D
E eu vivo prá conser - tar

    Am7  D9   G7M
Na boiada já fui boi
G6     Bm  E7    A7M
Mas um dia me montei
    C#m7  F#7  Bm7
Não por um motivo meu
E7
Ou de quem
A7       D
Comigo houvesse
F#7 9           Bm7
Que qualquer querer tivesse
F#7        G
Porém por necessidade
Em7   G   D
Do dono de uma boiada
    G    Em7  A7
Cujo vaqueiro mor - reu.
```

```
    A7         D
Boiadeiro muito tempo
    A7         D
Laço firme, braço forte
G              F#m7
Muito gado e muita gente
G    Em7  A7  D
Pela vida segurei
G7M   F#7      Bm
Seguia como num sonho
    G    Em  A7  D
Que boiadeiro, era um rei.

    A7         D
Mas o mundo foi rodando
    A7         D
Nas patas do meu cavalo
G
E nos sonhos
         F#m7
Que fui sonhando
G    Em7   A7   D
As visões se clareando
F#7         Bm
As visões se clareando
G    Em  A7  D
Até que um dia acor - dei.

       A7       D
Então não pude seguir
    A7         D
Valente lugar - tenente
G              F#m7
De dono de gado e gente
G   A7         D
Porque gado a gente marca
F#7              Bm7
Tange, ferra, engorda e mata,
G     Em    A7  D
Mas com a gente é diferente.
```

```
     A7         D
Se você não concordar
   A7           D
Não posso me desculpar
G      G7M     F#m7
Não canto prá enganar
G    Em7  A7   D
Vou pegar minha viola
    F#7       Bm
Vou deixar você de lado
   Em    A7   D
Vou cantar noutro lugar.

    D7         G
Na boiada já fui boi
    E7       A7
Boiadeiro já fui rei
       F#7
Não por mim
        Bm7
Nem por ninguém
         A7        D
Que junto comigo houvesse
    F#7 9+        Bm7
Que quisesse o que pudesse
       F#7       G
Por qualquer coisa de seu
Em7        A7        D
Por qualquer coisa de seu
    G   Em   A7   D
Querer mais longe que eu.

    A7         D
Mas o mundo foi rodando
    A7         D
Nas patas do meu cavalo
G               F#m7
E já que um dia montei
G7M Em   A7   D
Agora sou cava - leiro
    F#7       Bm
Laço firme, braço forte
   C    Em      A7  D
De um reino que não tem rei.
```

Talismã

Michael Sullivan e
Paulo Massadas

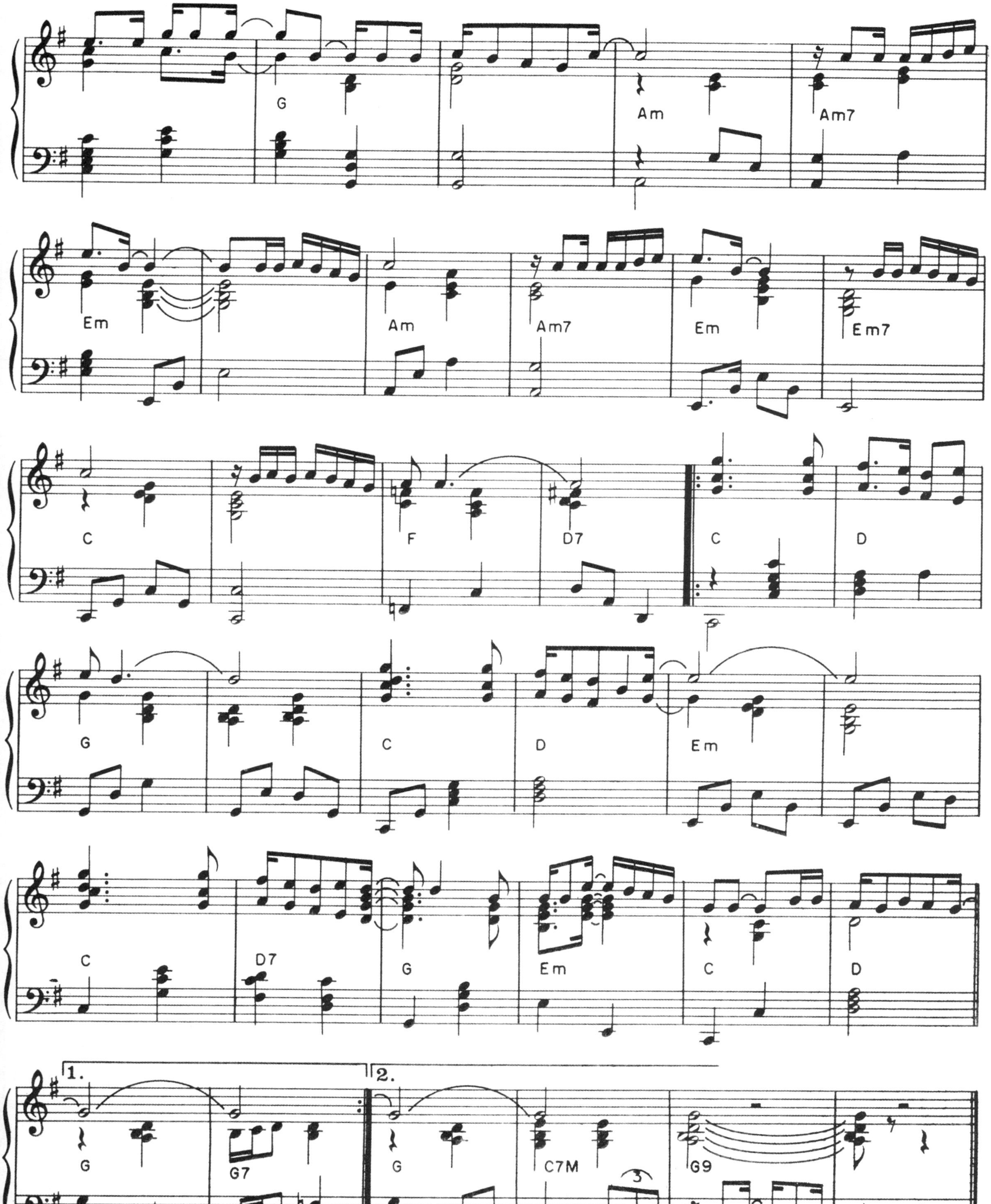
G
Am
Am7
Em
Am
Am7
Em
Em7
C
F
D7
C
D
G
C
D
Em
C
D7
G
Em
C
D
1.
G
G7
2.
G
C7M
3
G9

TOM - SOL MAIOR
G D7 G
Introdução: *G D7 G*

    G
    Sabe

C/D   *G*
Quanto tempo não te vejo,

               C
Cada vez você mais longe,

Am   *Em*   *D* *D7*
Mas eu gosto de você, porque?...

  G
Sabe

C/D   *G*
Eu pensei que fosse fácil,

           C
Esquecer teu jeito frágil,

Am   *Em*   *D* *Dm* *G* *C*
De se dar sem receber, só você

BIS {
  C   *D*   *G*
Vai saudade, diz prá ela,

  C   *D*   *Em*
Diz prá ela aparecer.

  C   *D*   *G*
Vai saudade, vê se troca,

      Em   *C*
A minha solidão por ela,

    D   *G* *G7*
Prá valer o meu viver.
}

  G
Sabe,

C/D   *C*   *G*
Quanto tempo não te vejo... (etc.)

       G
Só você me ilumina,

         C
Meu pequeno talismã,

         G
Como é doce essa rotina

          Am
De te amar toda manhã,

         Em
Nos momentos mais difíceis,

       Am
Você é o meu divã.

Am7   *Em*
Nosso amor não tem segredos

Em7   *C*
Sabe tudo de nós dois,

        F   *D* *D7*
E joga fóra os nossos medos.

Fuscão preto

Jovem

Atílio Versutti
Jeca Mineiro

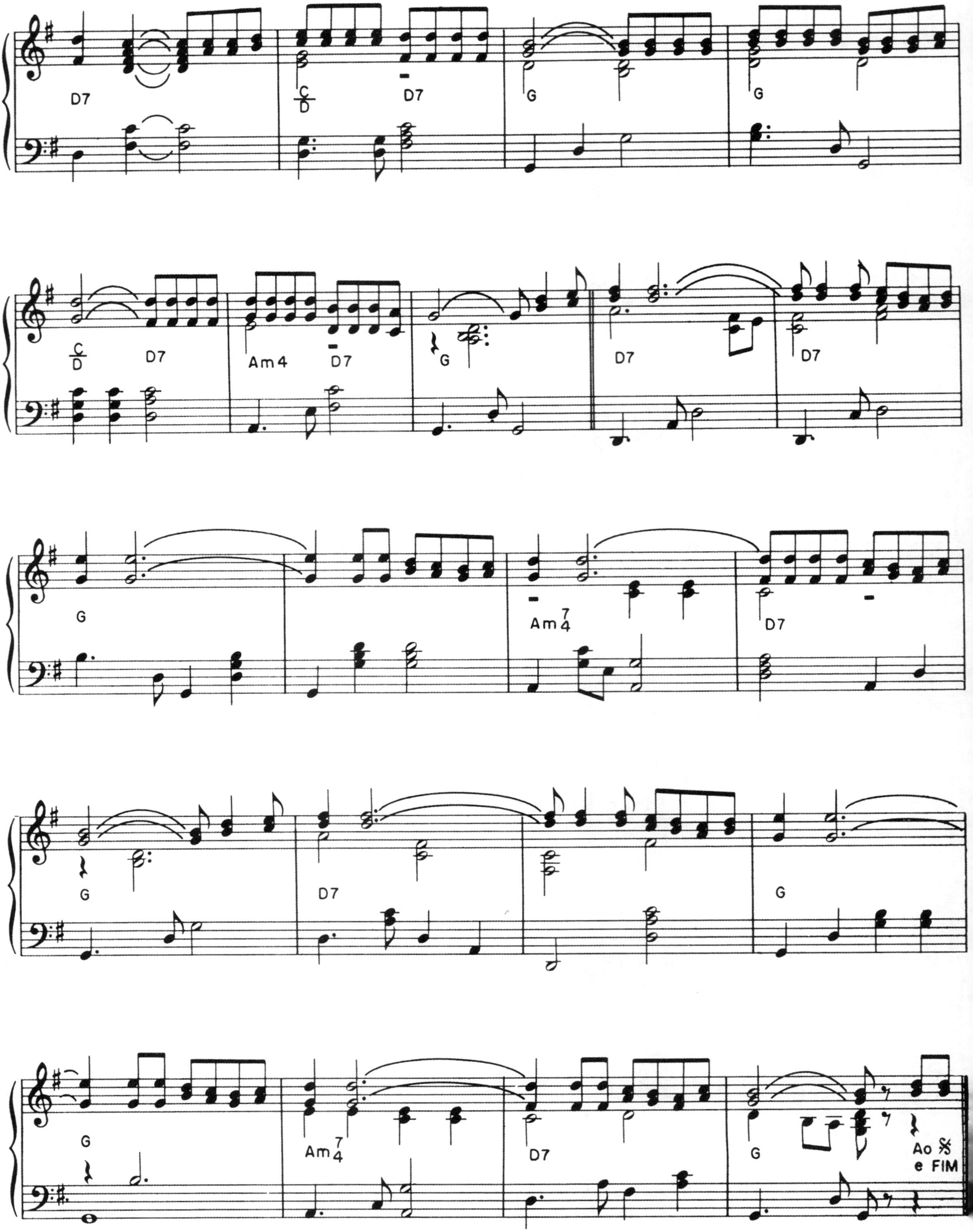
D7
C/D
D7
G
G
C/D
D7
Am4
D7
G
D7
D7
G
Am7/4
D7
G
D7
G
G
Am7/4
D7
G
Ao 𝄋 e FIM

TOM - SOL MAIOR
G D7 G
Introdução: C G C/D D7 G G7 C G D7 G

      G7M   G6   D7
Me disseram que ela foi vista com outro
      C/D   D7   G
Num fuscão preto pela cidade a rodar
    G   D7
Bem vestida igual à dama da noite
       C   D7   G
Cheirando a álcool e fumando sem parar.
      G7M   G6   D7
Meu Deus do céu, diga que isso é mentira
     C   D7   G
Se for verdade esclareça por favor
  G   C
Daí a pouco eu mesmo vi o fuscão
D7   Am4 7   D7   G
E os dois juntos se desmanchando em amor.

    D7   G
Fuscão preto você é feito de aço
G   Am4 7
Fez o meu peito em pedaços
D7   G
Também aprender a matar
    D7   G
Fuscão preto com o seu ronco maldito
            Am 4 7
Meu castelo tão bonito
D7   G
Você fez desmoronar.

Repete

Gita

Rock

Raul Seixas e
Paulo Coelho

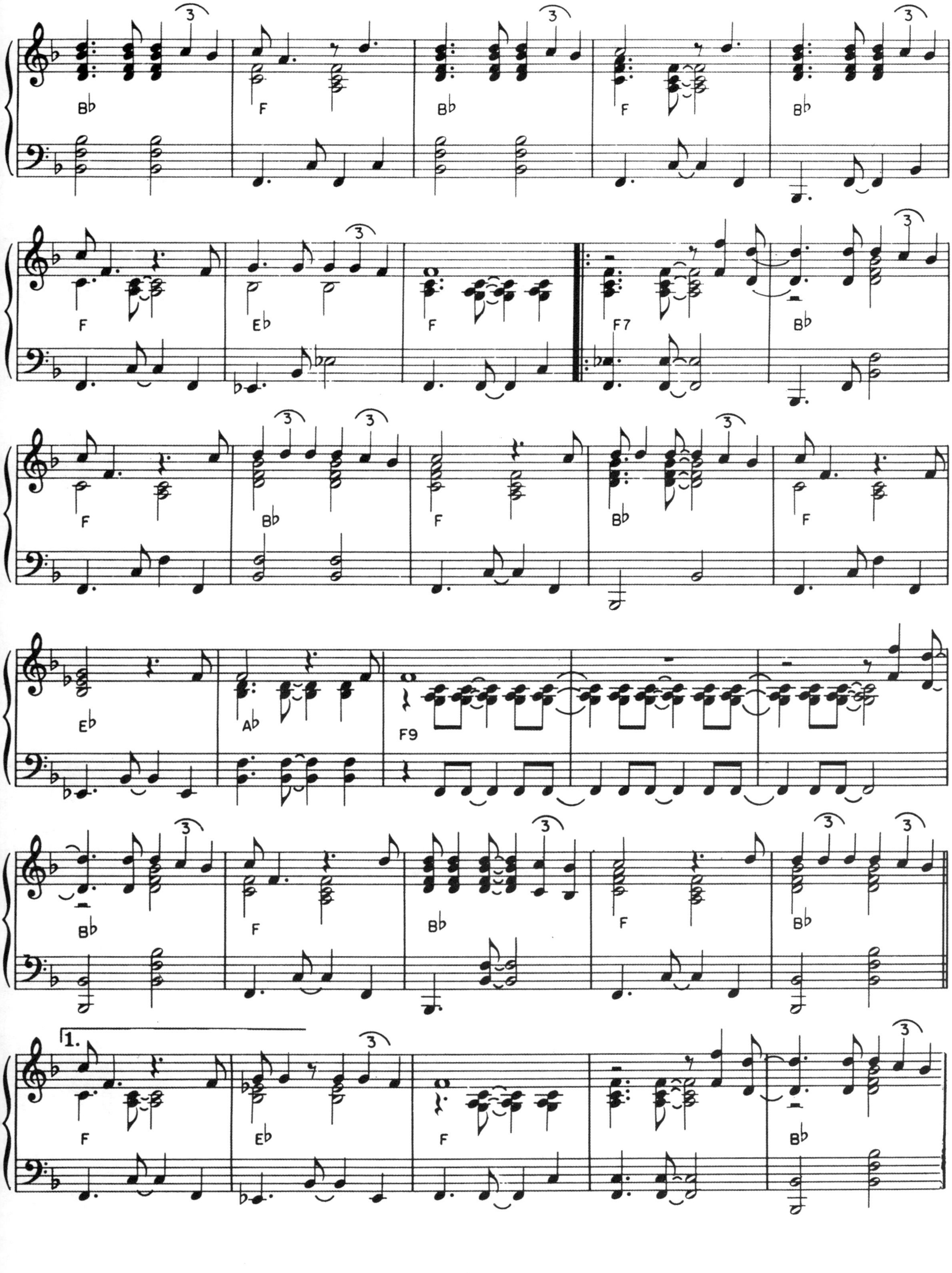
B♭
F
B♭
F
B♭
F
E♭
F
F7
B♭
F
B♭
F
B♭
F
E♭
A♭
F9
B♭
F
B♭
F
B♭
1.
F
E♭
F
B♭

F
B♭
F
B♭
F
E♭
B♭
F
Orquestra
Voz
F
Gm
C7
F
A7
Dm7
G7
C7
D♭
C7
D♭
C7
D♭
C7
D♭
C7
C9
B♭
F
B♭

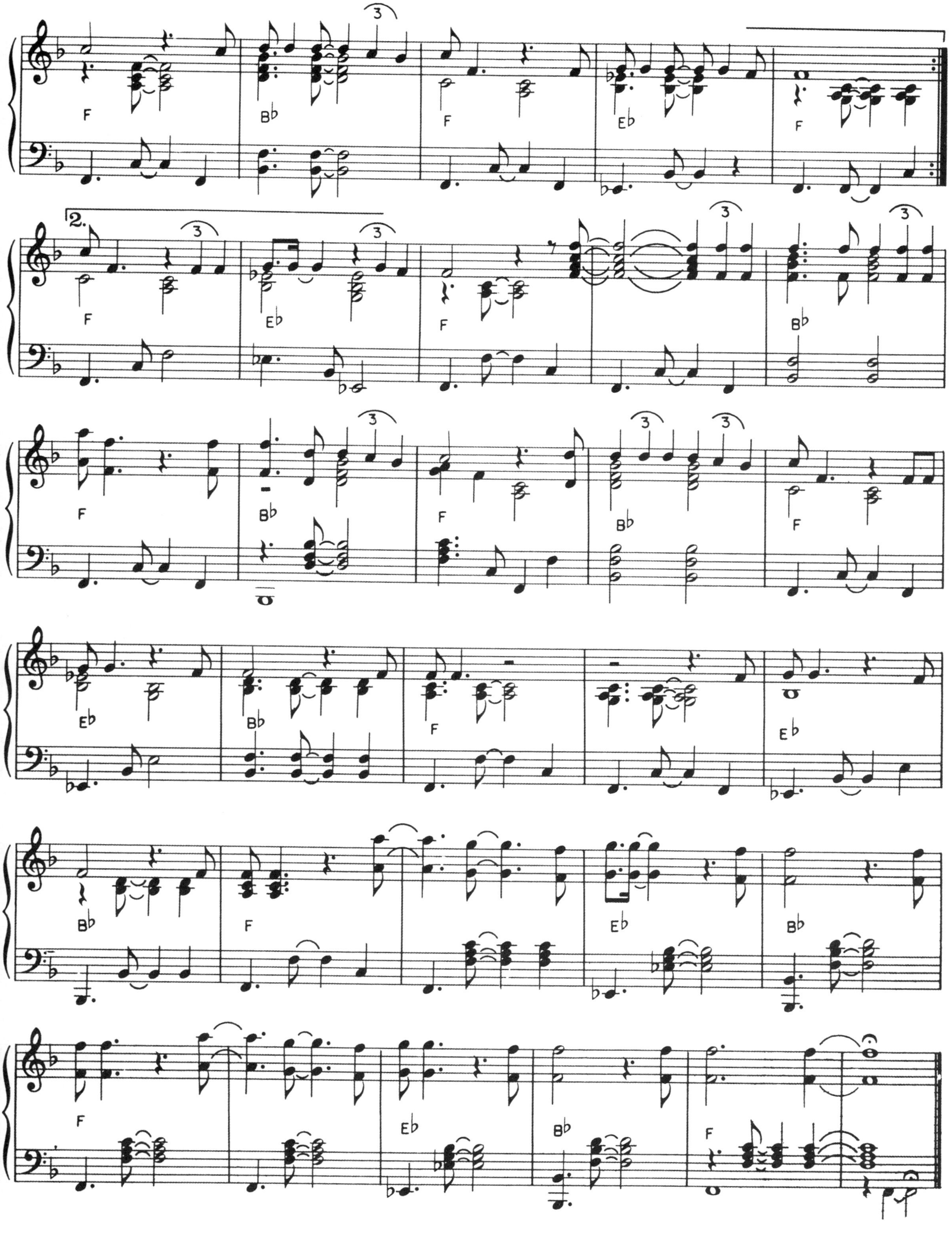
F
B♭
F
E♭
F
2.
F
E♭
F
B♭
F
B♭
F
B♭
F
E♭
B♭
F
E♭
B♭
F
E♭
B♭
F
E♭
B♭
F

TOM - FÁ MAIOR
F C7 F
Introdução: **F F/Eb Bb F**

[F] Às vezes você me pergunta [Gm]
[Bb] Porque eu sou tão calado [F]
[A7] Não falo de amor quase nada [Dm]
[G7] Nem fico sorrindo ao teu lado [C7 9]
[Db] Você pensa em mim toda hora [C7]
[Db] Me come, me cospe e me deixa [C7]
[Db] Talvez você não entenda [C7]
[Db] Mas hoje eu vou lhe mostrar [C7]
[Bb] Eu sou a luz das estrelas [F]
[Bb] Eu sou a cor do luar [F]
[Bb] Eu sou as coisas da vida [F]
[Eb] Eu sou o medo de amar [F]
[F7] [Bb] Eu sou o medo do fraco [F]
[Bb] A força da imaginação [F]
[Bb] O blefe do jogador [F]
[Eb] Eu sou, [Bb] eu fui, eu vou [F9]
[Bb] Eu sou o seu sacrifício [F]
[Bb] A placa de contramão [F]
[Bb] O sangue no olhar do vampiro [F]
[Eb] E as juras de maldição [F]
[Bb] Eu sou a vela que acende [F]
[Bb] Eu sou a luz que se apaga [F]
[Bb] Eu sou a beira do abismo [F]
[Eb] Eu sou o [Bb] tudo e o nada [F]

[F] Porque você me pergunta [Gm]
[C7] Perguntas não vão lhe mostrar [F]
[A7] Que eu sou feito da terra [Dm]
[G7] Do fogo, da água e do ar [C7]
[Db] Você me tem todo dia [C7]
[Db] Mas não sabe se é bom ou ruim [C7]
[Db] Mas saiba que estou com você [C7]
[Db] Mas você não está em mim [C7]
[C9] [Bb] Das telhas eu sou telhado [F]
[Bb] A pesca do pescador [F]
[Bb] A letra A tem meu nome [F]
[Eb] Dos sonhos eu sou o amor [F]
[Bb] Eu sou a dona-de-casa [F]
[Bb] Nos Pegue e Pagues do mundo [F]
[Bb] Eu sou a mão do carrasco [F]
[Eb] Sou raso, [Bb] largo, profundo [F]
[Bb] Eu sou a mosca na sopa [F]
[Bb] E o dente do tubarão [F9]
[Bb] Eu sou os olhos do cego [F]
[Eb] E a cegueira da visão [F]
[Bb] Eu sou o marco da língua [F]
[Bb] A mãe, o pai e o avô [F]
[Bb] O filho que ainda não veio [F]
[Eb] O início, [Bb] o fim e o meio. [F]

Quem ama, não enjoa!

Samba-Canção

Letra e Música de
Mário Mascarenhas

tiro cavalinho da chuva / Porque o divórcio eu não vou lhe dar... / Você / Me abraça e beija depois me manda embora / olha só! / E eu saio, lá pelas ruas, a chorar à toa... / Pobre de mim! / Mas quando você me chama volto correndo / volto voando! / Porque... quem ama não enjôa! / Você só

Porque, quem ama, não enjôa!

Diminuindo...... sumindo......

TOM - DÓ MAIOR
C G7 C

Introdução: Fm Fm6 C F Dm7 G7 C G7 C

I

    Am   E9-   Am
Você só diz que quer ficar sozinha
Am7   Dm7   Am
Mas você quer é se livrar de mim,
A9-   Dm   Bm5- Am7
Pois tira o cavalinho da chuva,
         F7   E7
Porque não vou lhe abandonar assim.

II

         Am   E9- Am
Sou um cãozinho que você maltrata,
A9- Dm7   Dm6 Am
Você faz tudo para eu lhe deixar,
  Dm   E7   Am
Pois tire o cavalinho da chuva,
     E7   Am
Porque o divórcio eu não vou lhe dar!

Estribilho:

Dm4 7   G7
Você me abraça e beija
           C
Depois me manda embora, (olha só!)
Bm4 7   E7
E eu saio, lá pelas ruas,
        Am Dm   Am
A chorar à toa, (pobre de mim!)
   Fm   Fm6
Mas quando, você me chama,
   C   Am
Volto correndo, (volto voando!)
Am7 F7M Dm7 G7   G7   C   E7
Porque, quem ama, não enjoa!

(*Voltar ao princípio e FIM*)

                Am7 F7M F6   G13   C
Para terminar: Porque, quem ama, não enjoa!

(*Repetir sumindo*)

Eternas ondas

Zé Ramalho

223

TOM - RÉ MENOR
Dm A7 Dm
Introdução: Dm A7 Dm

Gm   A7
　Quanto tempo temos antes de voltarem
         Dm
　Aquelas ondas
Gm   C
　Que vieram como gotas em silêncio
C#º   Dm
　Tão furioso
F   A7
　Derrubando homens entre outros animais
Gm   A7   Dm
　Devastando a sede desses matagais
F   A7
　Derrubando homens entre outros animais
Gm   A7   Dm
　Devastando a sede desses matagais
Gm   G7
　Devorando árvores, pensamentos
           Dm
　Seguindo a linha
Gm   A7
　Do que foi escrito pelo mesmo lábio
         Dm
　Tão furioso
F   A7
　E se teu amigo vento não te procurar
Gm   A7   Dm
　É porque multidões ele foi arrastar
F   A7
　E se teu amigo vento não te procurar
Gm/Bb Gm   A7   Dm Gm C7
　É porque multidões ele foi arrastar.

Codinome: Beija-Flor

Reinaldo Arias, Cazuza e
Ezequiel Neves

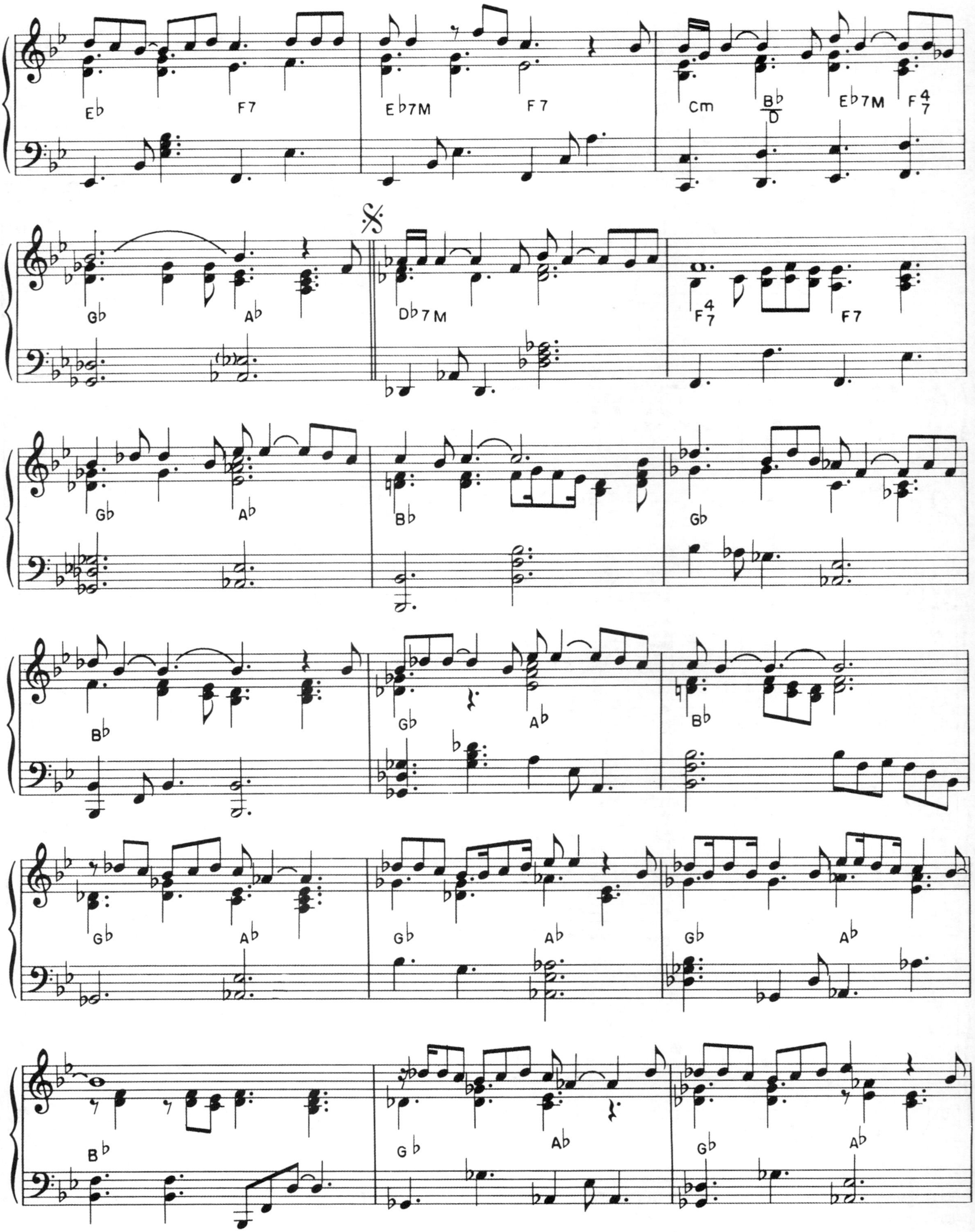
E♭ F7 E♭7M F7 Cm B♭/D E♭7M F4/7
G♭ A♭ D♭7M F4/7 F7
G♭ A♭ B♭ G♭
B♭ G♭ A♭ B♭
G♭ A♭ G♭ A♭ G♭ A♭
B♭ G♭ A♭ G♭ A♭

TOM - Slb MAIOR
Bb F7 Bb
Introdução: *Bb7M Gm7 Eb Bb*

      Bb
Prá que mentir, fingir que perdoou,

Eb   Bb
Tentar ficar amigos, sem rancor?

Eb   F7   Eb7M F7
A emoção acabou, que coincidência é o amor

Cm   Bb   Eb   F7   Gb
A nossa música nunca mais tocou.

        Bb
Prá que usar de tanta educação

Eb   Bb
Prá desfilar terceiras intenções

Eb   F7
Desperdiçando o meu mel

Eb7M   F7
Devagarzinho, flor em flor

    Cm Bb   Eb7 4 F4   Gb
Esses ini - migos   beija-flor.

Db7M   F7
Eu protegi teu nome por amor

Gb   Ab   Bb
Em um codinome beija-flor

Gb   Bb
Não responda nunca meu amor

Gb   Ab   Bb
Prá qualquer um na rua, beija-flor.

Gb   Ab
E só eu que podia

Gb   Ab
Dentro da tua orelha fria

Gb   Ab   Bb
Dizer segredos de liquidifidador

Gb   Ab
Você sonhava acordada

Gb   Ab
Um jeito de não sentir dor

Gb   Ab   Bb
Prendia o choro e aguava

          Eb
O bom do amor.

Db7M   F7
Eu protestei teu nome por amor, *etc.*

Beatriz

Chico Buarque e
Edu Lobo

Repetir ad. lib.

TOM - RÉ MAIOR
D A7 D
Introdução: *D A7 D*

[D]Olha

Será que ela é [Em7]moça

[G/A]Será que ela é [D]triste

Será que é o [G7M]contrário

Será que é [Ab°]pintura

O rosto da [D]atriz

Se ela [A#°]dança no sétimo [Bm]céu

Se ela [D]acredita

Que é outro [F#m]país

E se ela [Bm7]só decora o seu [G7M]papel

E se eu pudesse

Entrar na sua [A9-13]vi - [A7]da

[D]Olha

Será que é de [Em7]louça

[G/A]Será que é de [D]eter

Será que é [G7M]loucura

Será que é [Ab°]cenário

A casa da [D]atriz

Se ela [A#°]mora num arranha [Bm7]céu

E se as [D]paredes

São feitas de [F#m]giz

E se ela [Bm7]chora

Num quarto de [G7M]hotel

E se [B9-]eu pu[Em7]desse

Entrar na sua [A9-13]vi - [A7]da

[Bb7M]Sim, me leva para sempre, Beatriz

Me ensina a não andar

Com os pés no [Bb]chão

[Bb]Para sempre é sempre por um [Eb7M]triz

[Ab9] [Db7M]Ai, diz quantos desastres

Tem na minha [Bb7M]mão [F9 13]

[Bb7M]Diz se é peri[Ab7]goso a gente ser fe[Am7]liz

[D]Olha

Será que é [Em7]estrela

[G/A]Será que é [D]mentira

Será que é co[G7M]média

Será que é di[Ab°]vina

A vida da [D]atriz

Se ela um [A#°]dia despencar do [Bm]céu

E se os [D]pagantes exigirem [F#m]bis

E se um [Bm7]arcanjo passar o cha[G7M]péu

E se [B9-]eu pu[Em7]desse

Entrar na sua [A9-13]vi - [A7]da.

Para terminar: G9 Em7 G/A D7M E7 G9 D/F# Em7 D7M

Meu querido, meu velho, meu amigo

Roberto Carlos
Erasmo Carlos

Dm
Bm5-
E7
Am
F
E7
Am
1. 2.
E7
3.
Am G F
E7
Am
F7
E7
Am
A7
Dm
Dm6
Am
Am/C
E7
Bm5-
E
Am
repete ad. lib.
A7

TOM - LÁ MENOR
Am E7 Am
Introdução: *Am G E7 F Am E7 Am*

^{Am}Esses seus cabelos ^{E7}brancos, ^{Am}bonitos
Esse olhar $^{E7/B}$cansado, pro^{E7}fundo
Me dizendo coisas, num ^{E7}grito
Me ensinando tanto, do ^{Am7}mundo
E esses ^{Am7}passos lentos,$^{E/B}$ de ag^{Am}ora
^{A7}Caminhando sempre, ^{Dm}comigo
Já $^{Bm5-}$correram tanto na ^{E7}vida
^{Am}Meu querido, meu ^{F}velho, ^{E7}meu am^{Am}igo.^{E7}

^{Am}Sua vida ^{E7}cheia de est^{Am}órias
E essas rugas marcadas pelo $^{E7/B}$tempo
^{E7}Lembranças de antigas vitórias
Ou lágrimas choradas ao ^{Am7}vento
^{Am}Sua voz $^{E/B}$macia me ac^{Am}alma
E me ^{A7}diz muito mais do que ^{Dm}digo
Me $^{Bm5-}$calando fundo na ^{E7}alma
^{Am}Meu querido, meu ^{F}velho, ^{E7}meu am^{Am}igo.^{E7}

^{Am}Seu passado ^{E7}vive pres^{Am}ente
Nas experiências $^{E7/B}$contidas
Nesse coração cons^{E7}ciente
Da beleza das coisas da ^{Am7}vida
Seu ^{Am}sorriso $^{E/B}$franco me an^{Am}ima
Seu ^{A7}conselho certo me en^{Dm}sina
Beijo $^{Bm5-}$suas mãos e lhe ^{E7}digo
^{Am}Meu querido, meu ^{F}velho, ^{E7}meu am^{Am}igo.

^{E7}Eu já lhe falei de ^{Am}tudo
Mas tudo isso é muito ^{F7}pouco
^{E7}Diante do que eu ^{Am}sinto^{A7}

BIS { ^{Dm}Olhando os seus ^{Dm6}cabelos tão ^{Am}bonitos
$^{Am/C}$Beijo suas mãos e ^{E7}digo
Meu querido, meu $^{Bm5-}$velho, meu am^{Am}igo.
(*Repetir ad libtum*)

Antes que seja tarde
Samba

Ivan Lins
Vitor Martins

B♭m7 E♭7 E♭m A♭ 9 13 Dm5- G7 Cm7
Cm6 Fm7 Fm7/B♭ B♭7 E♭7M
B♭m7 E♭13 E♭m4 A♭7 Dm5- G7 Cm7
Ao 𝄋
e ⊕
Repetir ad. libitum
Cm7 Cm6 Cm7
Cm Cm7

TOM - DÓ MENOR
Cm G7 Cm
Introdução: *Cm7 F9 Cm7 F9 Cm7 F9*

BIS {
  Cm7
 Com força e com vontade
 Cm6 Cm7 Cm
 A felicidade há de se espalhar

 Com toda intensidade.
}
     Repetir 3 vezes

 Cm9   *Fm7*
Há de molhar o seco,
Fm7 *Bb7* *EbM*
De enxugar os olhos,
 Fm Fm9 *Ab7*
De iluminar os becos
Dm5- *G7* *Cm*
Antes que seja tarde
 Cm6   *Fm7*
Há de assaltar os bares,
Fm7/Bb *Bb7* *Eb7M*
De retomar as ruas,
Bbm7 *Eb7* *Ebm9 13*
De visitar os lares
 Dm5- *G7* *Cm7*
Antes que seja tarde,

 Cm6   *Fm7*
Há de rasgar as trevas
Fm7/Bb *Bb7* *Eb7M*
E abençoar o dia
 Bbm7 *Eb13* *Ebm4 Ab7*
E guardar as pe - dras
 Dm5- *G7* *Cm7*
Antes que seja tarde.

REFRÃO

BIS {
 Cm7
 Com força e com vontade
 Cm6 Cm7 Cm
 A felicidade há de se espalhar

 Com toda intensidade
}
     Repetir 3 vezes

Cm9 Fm7
Há de deixar sementes
Fm7 Bb7 EbM
Do mais bendito fruto,
Fm7 Fm9 Ab7
Na terra e no ventre
Dm5- C7 Cm
Antes que seja tarde.
Cm6 Fm7
Há de fazer alarde
Fm7/Bb Bb7 Eb7M
E libertar os sonhos
Bbm7 Eb7 Ebm9 13
Da nossa mocidade
Dm5- G7 Cm7
Antes que seja tarde.

 Cm7   *Fm7*
Há de mudar os homens
Fm7/Bb *Bb7* *Eb7M*
Antes que a chama apague
Bbm7 *Eb13* *Ebm4 Ab7*
Antes que a fé se aca - be
 Dm5- *G7* *Cm7*
Antes que seja tarde.

Refrão

Onde está o dinheiro?

Marcha

José Maria,
Mattoso e Barbosa

Am
Am7
D7
1.
2.
G
D7
G
G
G♯o
Am7
D7
G
B7
3
E7
Am
D7
G
F7
E7
Am
D7
G
D7
Ao
e
À Introdução
D.C.
A
e
Para
FIM

TOM - SOL MAIOR
G D7 G

Introdução: *G D7 F Em B7 Em E7 Am D7 C F7 E7 Am7 D7 G D7*

BIS
$\Bigg\{$
    Onde está o $\overset{G}{\text{d}}\overset{D7}{\text{inheiro?}}$

    $\overset{G}{\text{O}} \overset{D7}{\text{gato}} \overset{G}{\text{comeu...}} \overset{D7}{\text{o}} \overset{G}{\text{gato comeu...}}$

    Que ninguém $\overset{G}{\text{n}}\overset{Bb°}{\text{ão}} \overset{Am}{\text{viu}}$

    $\overset{E7}{\text{O}} \overset{Am}{\text{gato fugiu...}} \overset{E7}{\text{o}} \overset{Am}{\text{gato fugiu...}}$

    O seu paradeiro...

    Está no estra$\overset{D7}{\text{n}}$geiro?

    Onde está o $\overset{G}{\text{d}}\overset{D7}{\text{inheiro?}}$

I

$\overset{Am7}{\text{Eu}} \overset{D7}{\text{vou procurar}}$

$\overset{G}{\text{E}}$ hei de encontrar

$\overset{B7}{\text{E}}$ com dinheiro na $\overset{E7}{\text{mão}}$

$\overset{Am}{\text{Eu}}$ compro um $\overset{D7}{\text{vagão}}$

$\overset{G}{\text{Eu}} \overset{F7}{\text{compro}} \overset{E7}{\text{a Nação}}$

$\overset{Am}{\text{Eu}}$ compro até $\overset{D7}{\text{seu}} \overset{G}{\text{cor}}\overset{D7}{\text{ação.}}$

Onde está o $\overset{G}{\text{d}}\overset{D7}{\text{inheiro?}}$ *Etc.*

II

$\overset{Am}{\text{No}}$ norte não $\overset{D7}{\text{está}}$

$\overset{G}{\text{No}}$ sul estará?

$\overset{B7}{\text{Só}}$ um é que sabe e não $\overset{E7}{\text{diz}}$

$\overset{Am}{\text{E}}$ nem por um $\overset{D7}{\text{triz}}$

$\overset{G}{\text{Aí}} \overset{F7}{\text{está}} \overset{E7}{\text{o "X"}}$

$\overset{Am}{\text{E}}$ não se pode $\overset{D7}{\text{ser}} \overset{G}{\text{fel}}\overset{D7}{\text{iz...}}$

Onde está o $\overset{G}{\text{d}}\overset{D7}{\text{inheiro?}}$ *Etc.*

Pequenino cão
Balada Pop

Caio Silva
Fausto Nilo

© Copyright 1982 by ORÓS EDIÇÕES MUSICAIS LTDA. (50%)
© Copyright 1982 by PÃO E POESIA EDIÇÕES MUSICAIS LTDA. (50%)
All rights reserved. Todos os direitos autorais reservados.

Em Em7 A7 G/A A7 G
Gm6 D A7 G F♯m Em D
D B7 Em G/A
A7 D B7 F♯m5- B7
Em Em7 Gm6 a tempo D A7
1. G F♯m Em D A7
2. D G F♯m Em7 D

TOM - RÉ MAIOR
D A7 D
Introdução: G F#m Em D

        D   F#7   Bm7 F#m5-
É a qualidade das paixões de quem procura
B7   Em   B7   Em   Em7M
Ser maltratado, maltratando a criatura
Em7   A/C#   A7
Adormeceu em minha mão
           D   Gm6
Como um menino
        F#m Bm7
Só, sem destino
G/A A7   G   D/F#
Um pequenino cão
        D   G/A
Se a vida abraça a redenção
       D   F#m5-
Das amarguras
B7   Em7   B9-   Em Em7
Você não faça a eternidade na tortura
A7   G/A   A7
Entorpecendo o coração
       G   D
A gente espanta o passarinho
A7   G   F#m Em
Por favor ou medo
D   D   B7
Eu sei que um certo sem sabor
      Em
É a tua loucura
     G/A   A7   D
Eu sei que a cor do teu amor é muito escura
   B7 F#m5- B7
E sem poder te dar a luz
     Em
Meu coração
Em7   Gm6   D   A7
Eu durmo cedo, e só te peço, amor
      G   F#m Em
Não me abandones mais
D   D   B7   Em
Quando desperto e vejo na porta da frente
   G/A   A7
Uma saída, a minha vida
    D
Noutra vida é diferente
  B7 F#m   B7
E sem poder te dar a luz
   Em Em7   Gm6
Meu coração, eu durmo cedo,
      D A7
Não me abandones
  D   G F#m Em7 D
E só te peço, amor!

Saigon

Paulo Cesar Feital
Claudio Cartier e
Carlão

F♯m5-
B9-
Em7
G/A
A/G
F♯57
Bm9
Bm7
Gm7
C7
F7M
B♭7M
f
Em7
A7/9
D7M
Am6
D7
Gm7
C7
F7M
B♭
Gm7

Em7
A9
D
D
D7M
Em7
F♯m7
G7M
G6
G♯m5-
C♯7
C7M
C9
Am7
D9
G
D/A
G/B
D/A
G
G/A
D
1
D6/9
2
D6/9
Gm/D
Do 𝄋 ao ⊕ e FIM
Gm/D
D6/9
FIM

TOM - RÉ MAIOR
D A7 D
Introdução: *D D5+ D6 D5+*

          D   D5+
Tantas palavras
         D6   D5+
Meias palavras
             F#m5-   B9-
Nosso apartamento
                  Em7
Um pedaço de "Saigon"
  G/A
Me disse adeus
  A7   D7M
No espelho com batom.

G/A   D   D5+
Vai numa estrela
   D6   D5+
Iluminando
         F#m5-
Toda esta cidade
B9-   Em7
Como um céu de luz neon
  G/A   A/G
Seu brilho silencia
         F#5+ Bm9
A cor do som,

  Gm7   C7   F7M
Às vezes você anda por aí
Bb7M   Em7
Brinca de se entregar
A7   D7M Am6
Sonha prá não dormir
D7   Gm7   C7   F7M
E quase sempre eu penso em te deixar
 Bb Gm7   Em7
E é só você chegar
A7   D   G/A
Pr'eu esquecer de mim,

BIS {
D Em7 F#m7 C7M G6
Anoi - te - ceu
G#m5-   C#7   C7M C9
Olho pro céu e vejo como é bom
Am7   D7   G D/A
Ter as estrelas na escuridão
G   D G
Espero você voltar
   D   D
Prá "Saigon"
}

Bahia com H

Samba

Denis Brean

© Copyright 1947 by IRMÃOS VITALE S/A. Ind e Com.
All rights reserved. Todos os direitos autorais reservados.

A7 Dm Dm7 G7 Dm G7
2.
F G7 C7M C Em7 A7 Dm7 A7
Dm7 G7 C C A5+ Dm7 G7
3
Dm7 G7 Dm7 G7
1.
Dm7 G7 C7M
C7M G5+ C7M G5+ C7M G5+ C7M G7
3

249

TOM - DÓ MAIOR
C G7 C

Introdução: *Dm F D7 G7 A7/C# Dm F D7 G7 C7M Gm/Bb*
A5+ Dm7 G13 Em7 A9

Dm   A7
Dá licença
Dm7 A7
Dá licença
Dm   G7
Meu Sinhô
Gm C7
Dá licença
Gm
Dá licença
    C7
Pra Yôyô.
F   G7
Eu sou amante
    C7M   Bb7   A7
Da gostosa Baía, porém,
Dm   A7   Dm
Pra saber seu segredo
    G7   C#°   Dm   G7
Serei baiano também.
Dm   A7
Dá licença
Dm7   A7   Dm   G7
De gostar um pouco só,
Gm   C7   C7   Gm C7   C7
A Baía eu não vou roubar, tem dó!
   G7
Ah! Já disse um poeta
   C7M   Em7
Que terra mais linda não há,
A7   Dm   A7
Isso é velho é do tempo
   Dm7   G7
Que a gente escrevia
   C   Fm6 C A5+
Baía com H!

A5+   Dm7 G7   Dm7
Quero ver,   com meus olhos
   G7   Dm7
De amante saudoso
   C7   Dm   G7
A Baía do meu co - ração
    C7M   G5+   G7
Quero ver, baía do Sapa - teiro
   G5+   C7M
Charriou, Barroquinha,
   G5+   C7M
Calçada, Tabuão!
   Em7   F7M   Em7
Sou um amigo que volta feliz
   Eb°   Dm   A5+   Dm
Pra teus braços abertos,   Baía!
   F/G   G7   Dm
Sou poeta e não quero ficar
   G5+   C7M   C7M
Assim longe da tua magia!
C#°   Dm7 G7   Dm7   Dm7
Deixa ver,   teus sobrados, igrejas,
   Dm   G7
Teus santos, ladeiras,
F7M   Dm7   G7
E montes tal qual um postal.
   Gm7   C7 G5-   F
Dá licença de rezar pro Senhor do Bonfim
Dm   Fm6
Salve! A Santa Baía imortal,
C7M   A7
Baía dos sonhos mil!
   Dm   G7
Eu fico contente da vida,
   C   Fm6 C Fm6   C7M
Em saber que Baía   é Bra - sil!

Uma nova mulher

Balanço

Paulo Debétio e
Paulinho Rezende

B♭
E♭6/9
A♭/E♭
E♭7M
A♭/E♭
E♭6/9
A♭/E♭
Gm7
E♭7
A♭7M
D♭9
Gm7
Cm7
Fm7
B♭7
B♭9
E♭
Cm
Fm
Fm9
Gm
A♭
B♭7
E♭6/9
E♭/D♭
A♭/C
B♭7

Orq.
Voz
Ao 𝄋 sem rep. e 𝄌
Eb/Bb
Ab/Cb
Eb/G
Ab
Eb
Cm
Fm
Gm
Ab
Bb7
Eb
Eb/Db
Ab/Cb
Bb7
Eb/Bb
Eb4
Eb
Ab/Eb
Voz
Eb/G
Ab/Eb
Eb
Ab/Eb
Voz

TOM - Mlb MAIOR
Eb Bb7 Eb

Introdução: *Eb/Bb Ab/C Eb Ab/Eb Eb Ab/Eb Eb Ab/Eb*

      Eb   Ab
Que venha essa nova mulher
          Eb
De dentro de mim
    Eb6 9   Ab
Com os olhos felinos felizes
        Gm Eb7
E mãos de cetim
   Ab7M   Db9
E venha sem segredo das sombras
  Gm7   C7
Que rondam meu coração
 Fm   Fm7   Db7
E ponha nos sonhos dos homens
     Gm Cm F13 F13-
A sede voraz da paixão.

Bb7   Eb6 9   Ab
Que venha de dentro de mim
         Eb7M Ab
Ou de onde vier
   Eb6 9   Ab
Com toda malícia e segredos
         Gm7 Eb7
Que eu não souber
  Ab7M   Db9
Que tenha o cio das corças
 Gm7   Cm7
E lute com todas as forças
 Fm   Bb7
Conquiste o direito de ser
  Bb9   Eb Cm7
Uma nova mulher.

Fm Gm Ab   Bb7
Livre, livre, livre para o amor
Eb6 9   Eb
Quero ser assim, quero ser assim
  Ab   Bb7
Senhora das minhas vontades
        Eb
E dona de mim.

Fm Gm Ab   Bb7
Livre, livre, livre para o amor
Eb6 9   Eb
Quero ser assim, quero ser assim
  Ab   Bb7
Senhora das minhas vontades
        Eb
E dona de mim.

Verdade chinesa

Samba

Gilson e
Carlos Colla

2.
G7
Cm
F♯13
Fm9
Bb7 13
Eb7M
Cm
Dm5-
G7
Cm7
Fb13
Fm7
Bb7
Bb13
Eb7M
Cm
Cm/Bb
Am7
D7
Dm5-
G7
F♯11+
Fm7
Bb7 9
Eb7M
Eb6
Cm7
Dm5-

257

TOM - DÓ MENOR
Cm G7 Cm
Introdução: **Fm7 Bb7 Eb7M Eb6 Cm7 Ab7 G7 Gm5- C7**

Cm7   C7
Era só isso que eu queria da vida
Fm   Dm5-   G7
Uma cerveja, uma ilusão atrevida
Cm7   Eb6
Que me dissesse uma verdade chinesa
Dm5-   G7
Com uma intenção de um beijo doce na boca.

Cm   C7
A tarde cai, noite levanta, magia,
Fm7   Dm5-   G7
Quem sabe a gente vai se ver outro dia
Cm7   Eb6
Quem sabe o sonho vai ficar na conversa
Dm5-   G7   Cm
Que sabe até a vida pague essa promessa.

     F#13   Fm7
Muita coisa a gente faz
    Bb7   Eb7M
Segundo o caminho que o mundo traçou
    Cm   Dm5-
Seguindo a cartilha que alguém ensinou
   G7   Cm7
Segundo a receita da vida normal.

     F#13   Fm7
Mas o que é vida afinal
    Bb7   Bb13   Eb7M
Será que é fazer o que o mestre mandou?
   Cm   Am7
É comer o pão que o diabo amassou
   D7   Dm5- G7
Perdendo da vida o que tem de melhor?

F#11+ Fm7   Bb7   Eb7M
Senta se acomoda à vontade
   Cm7   Dm5-
Tá em casa tome um copo
   G7   Gm5-   C7
Dá um tempo que a tristeza vai passar
Fm7   Bb7   Eb7M
Deixa prá amanhã tem muito tempo
  Cm7   Fm6
O que vale é o sentimento
 G7   Ab7
E o amor que a gente tem no coração.

Cm7   C7
Era só isso que eu queria da vida, *etc.*

          F#11+ Fm7   Bb7M   Eb7M
Para terminar: Senta se acomoda à vontade, *etc.*

Eu dei

Marcha Indiscreta

Ary Barroso

B♭
F/A
D7
Gm7
C7
1.
F
B♭/D
C7
2.
F
C7
Gm7
C7
Gm7
C7
F
Dm/A
C7
F
F7
E7
E♭7
D7
D7
Gm7
B♭/C
C7
F
B♭/C
F
C7
Ao
e
À introdução
F
D.C.
e
Para terminar
F
FIM

TOM - FÁ MAIOR
F C7 F
Introdução: *B E7/B Am/C D7 Gm7 C7*

BIS
{
          C7   Gm
Ela: - Eu dei

          C9   Gm6   C9   Gm7 C7   Gm
Ele: - O que é que você deu, meu bem

          C7   Gm7
Ela: - Eu dei

          C9   Gm7   C9   Gm7   Gm
Ele: - Guarde um pouco para mim também

         C7   F Dm C7 F   Dm   C7 F Cm7
Não sei se você fala por falar sem meditar.

         F7 Bb
Ela: - Eu dei

                                    Am   D7
Ele: - Diga logo, diga logo, é demais

         Gm7   C7   F   Bb/D C7
Ela: - Não digo, adivinhe se é capaz.
}

I

     F   C7
Ele: - Você deu seu coração

         C C7 Gm
Ela: - Não dei, não dei

          C7   F
Ele: - Sem nenhuma condição

      F C7 F   F7 E7 Eb7
Ela: - Não dei! Não dei!

D   D7   Gm
O meu coração não tem dono

Bb   F   Bb   F
Vive sozinho, coitadinho, no abandono.

II

     F   C7
Ele: - Foi um terno e longo beijo

      C C7 Gm
Ela: - Se foi, se foi...

         C7   F
Ele: - Desses beijos que eu desejo

     F C7 F   F7 E7 Eb7
Ela: - Pois foi, pois foi...

     D   D7   Gm7
Ele: - Guarde para mim um zinho

Bb   F   Bb
Que mais tarde eu pagarei

F
Com um jurinho.

Na hora da sede

Samba

Luiz Américo e
Braguinha

1.
D9 7M
Em7
A7
D
F♯m7
Fm7
2.
D7
3
G
A/G
F♯m7
Bm7
Em7
A7
D7M
F♯m7
Fm7
Em7
A7
D
Bm7
Em7
A7
D
1.
F♯m7
Fm7
2.
Em7
A 7 9
D. C.
c/ rep.
e
D
FIM

TOM - RÉ MAIOR
D A7 D
Introdução: *D A7 D*

BIS {
    Na hora da sede você pensa em mim - lá - lá - lá
    (D ... D)
    Mas eu sou o seu copo d'água
    (B7 ... Em7 A7)
    Sou eu que mato a sua sede
    (Em A7 Em7)
    E dá alívio a sua mágoa,
    (A7 Em7 A7 D Em7 A7)
}

Para terminar 2ª vez: mágoa
    (D F#m7 Fm7)

BIS {
    Mas se a fonte secar você se acaba - lá - lá - lá
    (Em A7 D)
    Você vai, você vem, você não me larga
    (Em A7 D F#m7 Fm)
}

Para terminar 2ª vez: larga
    (D Em7 Fm)

    É sempre assim você some de mim
    (G C#m7 F#m7 Bm7)
    Prá você eu só sirvo de água
    (Em A7 D F#m Fm)

BIS {
    Mas se a fonte secar você se acaba - lá, lá, lá
    (A7 D#)
    Você vai, você vem, você não me larga
    (A7 D F#m Fm)
}

Para terminar 2ª vez: larga
    (D Em7 A7)

Ao princípio até o FIM

Para finalizar:

Você não me larga.

Mexerico da Candinha

Música Jovem

Roberto Carlos e
Erasmo Carlos

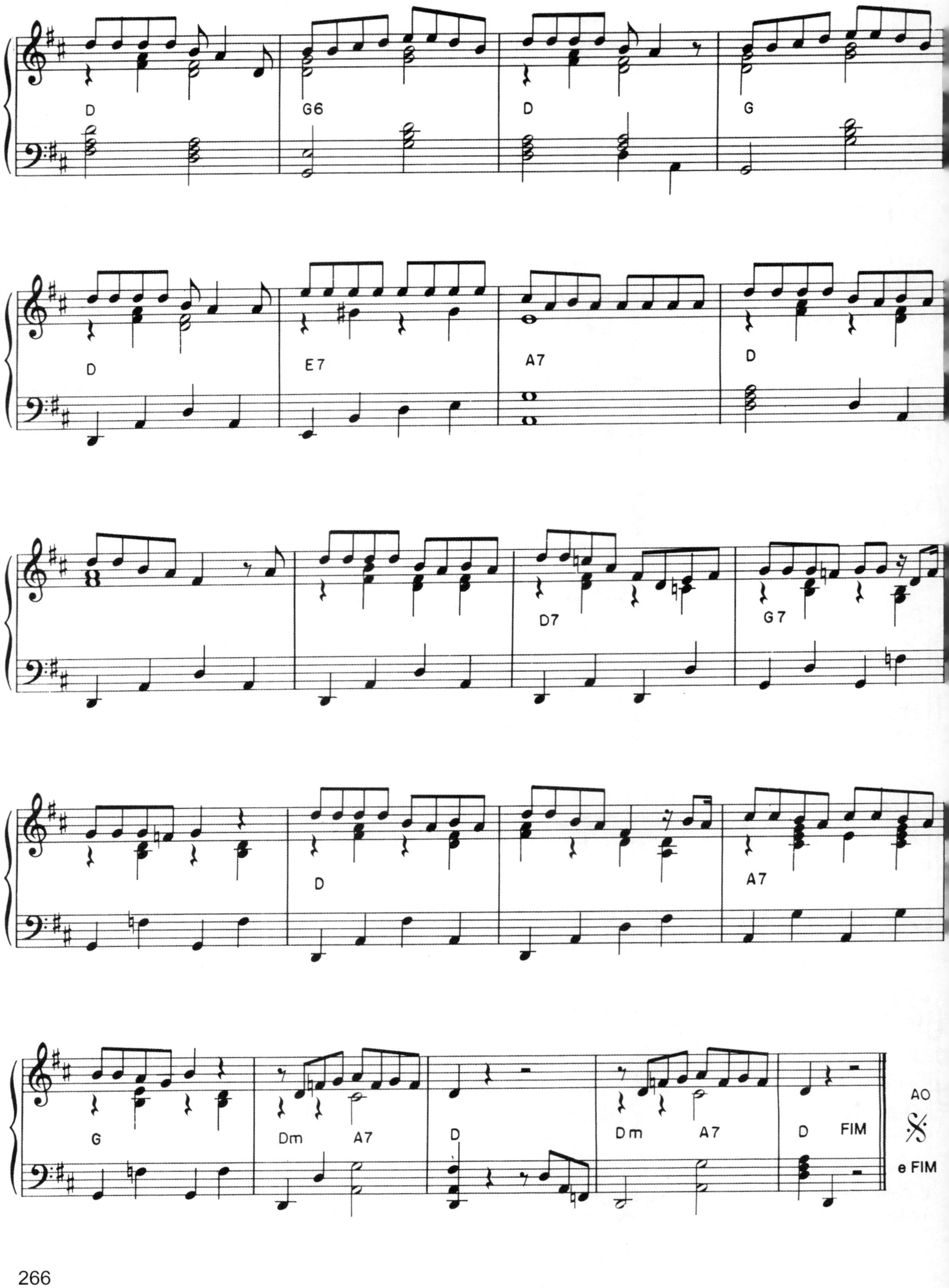
D
G6
D
G
D
E7
A7
D
D7
G7
D
A7
G
Dm
A7
D
Dm
A7
D
FIM
AO
e FIM

TOM - RÉ MAIOR
D A7 D
Introdução: *D A7 D*

(*Falado*)

BIS { Olha o que a Candinha
Está falando aqui!
Puxa! Mas como fala!

D
A Candinha vive

A falar de mim em tudo

Diz que eu sou louco,
D7
Esquisito e cabeludo
     G
E que eu não ligo para nada,

Que dirijo em disparada,

Acho que a Candinha

Gosta mesmo de falar
    A
Ela diz que eu sou maluco
                    G
E que o hospício é o meu lugar
Dm   **A7**
Mas... a Candinha quer falar.
D
A Candinha

Que fazer da minha vida

Um inferno

Já está falando
    D7
Do modelo do meu terno
            G
E que a minha calça é justa

E de ver ela se assusta
D
E também a bota

Ela acha extravagante
   A
Ela diz que eu só falo gíria
            G
E que é preciso moderar
Dm   **A7**   **D**
Mas a Candinha quer falar.

G
A Candinha gosta
   D
De falar de toda gente
   G
Mas as garotas gostam
   D
De ver bem diferente
G
A Candinha fala
   D
Mas no fundo me quer bem
   E7
E eu não vou ligar
   A7
Prá mexerico de ninguém
       D
Mas a Candinha agora

Já está falando até demais
   D
Porém ela no fundo
        D7
Sabe que sou bom rapaz
            G
E sabe bem que essa onda

É uma coisa natural
    D6
E eu digo que viver assim

É que é legal
D   **A7**
Sei que um dia
         G
A Candinha vai comigo concordar
Dm   **A7**   **Dm**
Mas sei que ainda vai falar
Dm   **A7**   **Dm**
Mas sei que ainda vai falar.

Bandolins

Oswaldo Montenegro

E♭7M
Cm
Gm
Gm
p
Gm/F
Gm/E
E♭7M
Gm
Gm/F
Cm7
F7
B♭
F7
E♭
D7
Gm
Gm/F
Em5-
E♭7M
Cm
Gm

TOM - SOL MENOR
Gm D7 Gm
Introdução: Fm Em/Eb Em/D Gm/Db Gm/D Cm6/d D7

Gm   G/F
Como se fosse um parque
      G/E
Nessa valsa triste
   Eb7M   Gm
Se desenvolvesse ao som dos bandolins
    Gm   Cm7
E como não e porque não dizer
         F7
Que o mundo respirava mais
    Bb   F7
Se ela apertava assim
F7   Eb
Seu colo é como se não fosse um tempo
            D7
Em que já fosse impróprio
     Gm
Se dançar assim
   Gm   Gm
Ela teimou e enfrentou o mundo
  Eb7M   Cm   Gm
Se rodopiando ao som dos bandolins
Cm   Gm
Como se fosse um lar
         Gm
Seu corpo a valsa triste iluminava
 Eb7M   Gm
E a noite caminhava assim
    Gm   Cm7
E como um par o vento e a madrugada
      F7   Bb
Iluminavam a fada do meu botequim
    F7   Bb
Valsando como valsa uma criança
     D7   Gm
Que entra na roda a noite esta no fim
 Gm
Ela valsando só na madrugada
    Eb7M
Se julgando amada
   Cm7   Gm
Ao som dos bandolins.

Lábios de mel
Toada

Waldir Rocha

TOM — MI MAIOR
Eb Eb7 Eb

Introdução: Ab Bb7 Eb C7 Fm
            Bb7 Eb Ab E

    Ab7
Meu amor
     Eb
Quando me beija
Fm
Vejo o mundo revirar Dm5-
G7   Cm
Vejo o céu aqui na terra
F7   Bb7
E a terra no ar

 Eb   Ab7
Os seus lábios
    Eb
Tem o mel
FM   Dm5-
Que a abelha tira da flor
G7   Cm
Eu sou pobre, pobre, pobre
   Fm Bb7 Eb Ab Eb
Mas é meu seu amor
Bb7   Eb
Quem tem amor

Peça a Deus
    Cm Cm/Bb Fm
Prá seu bem lhe amar de verdade,

Bb7   Fm
Para mais tarde
    Bb7
Não ter desenganos
    Eb Ab7 Gm7
E chorar de saudade
Fm7   Eb
Que foi na vida
 Db7 C7
Que teve um amor
 Gm7 C9-   Fm
E este amor sem razão lhe deixou
 Eb C7
E até hoje não gu ardo
 Fm7 Bb7 Eb Fm E Bb7 Eb Ab Eb
No peito a marca da dor.

Adocica

Lambada

Beto Barbosa

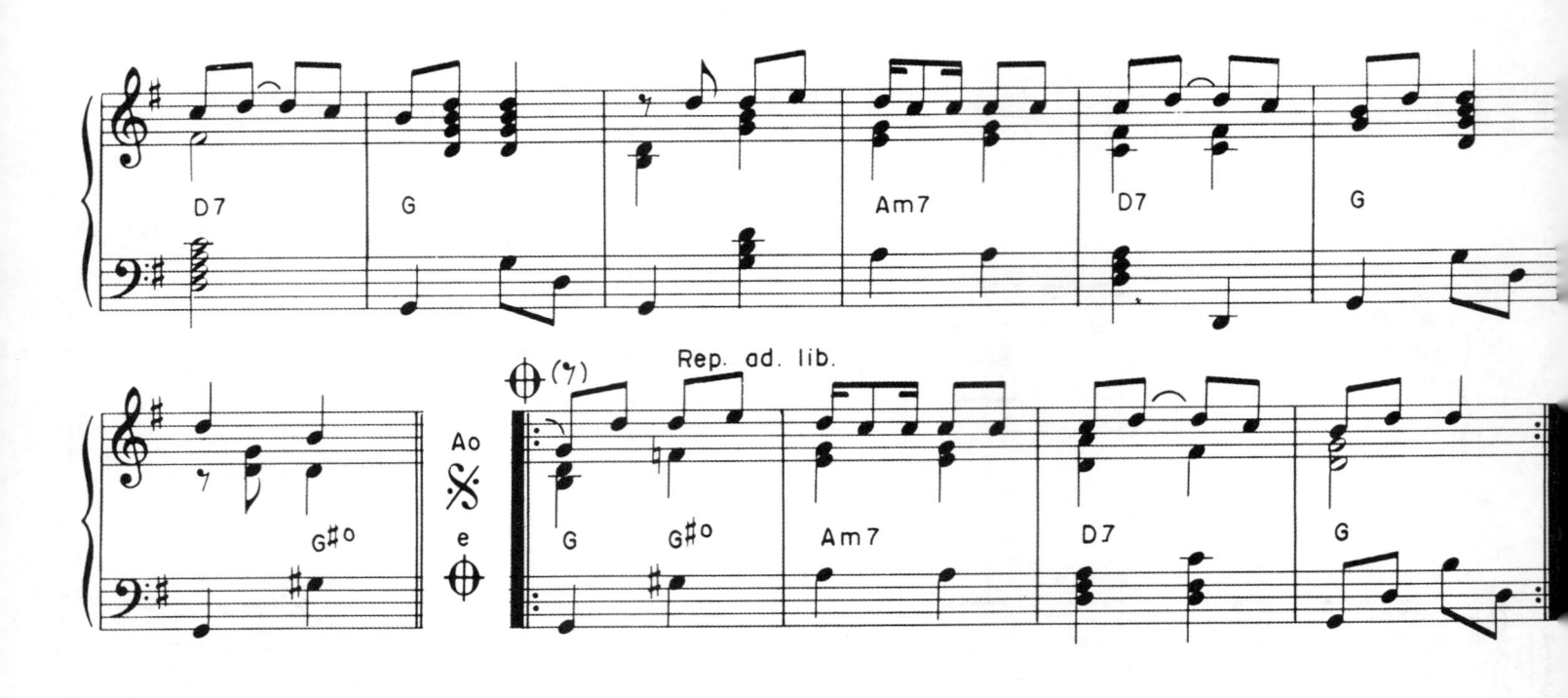

TOM - SOL MENOR
G D7 G
Introdução: **G D7 G**

BIS {
Adocica, meu amor, adocica, (Am D)
Adocica, meu amor, (Am D)
A minha vida, oi... (G)
}

BIS {
Tá que tá que tá ficando (G Am)
Ficando muito legal (D G)
Nosso amor é veneno (Am)
Veneno do bem e do mal. (D G)
}

Adocica, meu amor, etc. (Am D)

BIS {
Lua luanda encanta (Am)
Os meus caminhos sem fim (D G)
Quero ter você prá sempre (Am)
Sempre pertinho de mim, oi... (D G)
}

BIS {
Bate feliz o meu coração (Am D)
Quando vê... você (G)
}

Adocica, meu amor, etc. (Am D)

BIS {
Morena doce gostoso (Am)
Magia do meu prazer (D G)
Me faz de gato e sapato (Am)
Me dá, me dá mais prazer (D G)
}

Adocica, meu amor, etc. (Am D)

Repetir diversas vezes

América do Sul

Jovem

Paulo Machado

TOM - RÉ MAIOR
D A7 D
Introdução: *D D G D D G G*

    D   G   D   G D   A7   Em7 A7
Deus salve a América do Sul

    D   G   D   G   D   A7 F#m7 A7
Desper - ta ao claro e amado sol

Em   A7   D   A7   D
Deixa correr   qualquer rio

        Bm7   E4   E7
Que alegre esse sertão

A   E   A   B   E7
Essa terra morena, esse calor

     E4   B   F#7   F#7 A7
Esse campo e essa força tropical

    D   G   D   G D   A7 Em7 A7
Desper - ta América do Sul

    D   G   D   G D   A7 F#m7 A7
Deus salve essa Amé - rica Central

Em7 A7   D A7   D
Deixa viver esses campos

      Bm7   E7
Molhados de suor

A   E   A   B   E7
Esse orgulho latino em cada olhar

     E4   B   F#7   F#7
Esse canto e essa aurora tropical

Jura secreta

Sueli Costa
Abel Silva

TOM — DÓ MAIOR
C G7 C

Introdução: C Dm G G7 C Fm7 Dm7 G7 C

C7M   C5+   C6 C7M 5+
Só uma coisa me entristece

C7M 9   C/B♭   A4 A7
O beijo de amor que eu não roubei

Dm   Dm/C   G/B F/A
A Jura Secreta que não fiz

G7   G7   Dm/C
A briga de amor que não causei

C7M   C7m 5+   C6 C7m 5+
Nada do que posso me alucina

C7M 9   C/B♭   A4 A7
Tanto quanto o que não fiz

Dm   Dm/C   G F/A
Nada do que eu quero me suprime

G7   G9-   C7M Bm4 E7
De que por não saber inda não quiz.

Am   D9
Só uma palavra me devora

Am7   D7   D9
Aquela que meu coração não diz

F   C/E   Dm Dm/C
Só o que me cega, o que me faz infeliz

G/B   G7   C Fm9 Dm9 C7M
É o brilho do olhar que não sofri.

Vitoriosa
Funk Moderado

Ivan Lins
Vitor Martins

G9
G♯m5-
C♯7
F♯7M
F♯6
B/C♯
C♯7
F♯7M
D♯m7
D/E
E9
G/A
A7
Am7
A7
D7M
G/A
D9
D7M
G/A
A7
D7M 9
D♯°
Em7
C♯m
C♯°
Bm7
F♯m9
Em7
A9
D7M
G/A
D7M
G/A
D7M
B♭/C

TOM — RÉ MAIOR

D A7 D

Introdução: D7M G/A D7M B♭/C Bm7
F♭m7 Em7 G/A B♭/C

D7M   G/A   D9 D7M9
Quero   sua risada mais gostosa

         A7   D7M
Esse seu jeito de achar

       Em7   C♯m5-   C♯ Bm7 Bm6
Que a vida pode ser   maravilhosa

A7   D7M   G/A   D9 D7M9
Quero   sua alegria escandalosa

G/A   A7   D7M D♯   Em7
Vitoriosa por não ter   vergonha

       C♯m5- C♯°   Bm7 Bm7 Bm6 A9
De aprender como se goza

D7M9 C♯m5-   F♯$\overset{7}{5}$+

Bm7   F♯m7
Quero toda a sua pouca castidade

Bm7   F♯m7
Quero toda a sua liberdade

G9   G♯m5-
Quero toda essa vontade

           C♯7   F♯7M   F♯6
De passar dos seus limi - tes

B/C♯   C♯7   F♯7M
E ir além, e ir além

        E9 G/A A7 Am7
E ir além.

Tem capoeira

(É bom se segurar)

Batista da Mangueira

Do
ao
c/ rep.

TOM - FÁ MAIOR
F C F
Introdução: *F Gm7 C7 F*

Coro:

BIS {
    Gm7 C7   F7M 9
    Tem capo - eira
    Dm7 Gm7
    Da Bahia
    C7   F   C7
    Na Mangueira
}

BIS {
    Dm   Gm7
    Quem mandou você pedir
    C7 9 F
    Capoei - ra
    Dm7   Gm7
    Cuidado senão você pode cair
    C7 F   D5+ 9-
    Na poei - ra
}

Gm   C7
Vamos fazer um carnaval
D7
Legal
Gm7   C7   F
Sambar é nossa tradição

BIS {
    F7 Bb   C7   F
    Cuidado que a Mangueira vem aí
    Dm7   Gm7
    E é bom se segurar
    C7   F F7
    Porque a poeira vai subir
}

                  C7 F   F7
Breque: Tem capoeira gente...

Bachianas brasileiras, nº 4

PRELÚDIO (INTRODUÇÃO)
Para Piano Solo

H. Villa-Lobos
Rio, 1941

Bm
B9-
Em
D♯dim
E7/D
C♯7
F♯m
Em
G♯7/D♯
D
8va
E♭7/D♭
Cm5-
D♭7/C♭
B♭m5-
B7/A
E7/G♯
A9-/G
D7/F♯
F♯9-/E
Bm/D
M.D.
D7M/C♯
B9/D♯
F♯m7/E
C♯7/E♯
F♯m
G 9 7M

287

VOLUME 1

ABISMO DE ROSAS
ÁGUAS DE MARÇO
ALEGRIA, ALEGRIA
AMANTE À MODA ANTIGA
AMIGO
A NOITE DO MEU BEM
APANHEI-TE, CAVAQUINHO
APELO
AQUARELA DO BRASIL
ARROMBOU A FESTA
AS ROSAS NÃO FALAM
ATRÁS DA PORTA
BACHIANAS BRASILEIRAS N° 5
BOA NOITE, AMOR
BOATO
CAÇADOR DE MIM
CAFÉ DA MANHÃ
CANÇÃO QUE MORRE NO AR
CARCARÁ
CARINHOSO
CAROLINA
CHÃO DE ESTRELAS
CIDADE MARAVILHOSA
CONCEIÇÃO
DÁ NELA
DE CONVERSA EM CONVERSA
DEUSA DA MINHA RUA
DISSE ME DISSE
DORINHA, MEU AMOR
DUAS CONTAS
EMOÇÕES
ESMERALDA
ESSES MOÇOS
ESTÃO VOLTANDO AS FLORES
ESTRADA DA SOLIDÃO
FESTA DO INTERIOR
FIM DE SEMANA EM PAQUETÁ
FIO MARAVILHA
FLOR AMOROSA
FOLHAS SÊCAS
GAROTA DE IPANEMA
GENTE HUMILDE
GOSTO QUE ME ENROSCO
INFLUÊNCIA DO JAZZ
JANGADEIRO
JANUÁRIA
JURA
LADY LAURA
LÁGRIMAS DE VIRGEM
LATA D'ÁGUA

LIGIA
LUAR DO SERTÃO
LUIZA
MARVADA PINGA
MATRIZ OU FINAL
MEU BEM QUERER
MEUS TEMPOS DE CRIANÇA
MODINHA
NA PAVUNA
NÃO DÁ MAIS PRA SEGURAR (EXPLODE CORAÇÃO)
NÃO EXISTE PECADO AO SUL DO EQUADOR
NÃO IDENTIFICADO
NOSSOS MOMENTOS
Ó ABRE ALAS
O BÊBADO E A EQUILIBRISTA
O MORRO NÃO TEM VEZ
ONDE ANDA VOCÊ
OS SEUS BOTÕES
O TEU CABELO NÃO NEGA
PARALELAS
PELA LUZ DOS OLHOS TEUS
PELO TELEFONE
PÉTALA
PRELÚDIO PARA NINAR GENTE GRANDE
QUANDO VIM DE MINAS
REFÉM DA SOLIDÃO
REGRA TRÊS
ROMARIA
RONDA
SAMBA EM PRELÚDIO
SE ELA PERGUNTAR
SEI LÁ MANGUEIRA
SERRA DA BOA ESPERANÇA
SERTANEJA
SE TODOS FOSSEM IGUAIS A VOCÊ
SÓ DANÇO SAMBA
SONS DE CARRILHÕES
SUBINDO AO CÉU
TERNURA ANTIGA
TICO-TICO NO FUBÁ
TRAVESSIA
TREM DAS ONZE
TROCANDO EM MIÚDOS
TUDO ACABADO
ÚLTIMO DESEJO
ÚLTIMO PAU DE ARARA
VALSINHA
VASSOURINHAS
VERA CRUZ
VIAGEM

VOLUME 2

AÇAÍ
A DISTÂNCIA
A FLOR E O ESPINHO
A MONTANHA
ANDRÉ DE SAPATO NOVO
ATÉ AMANHÃ
ATÉ PENSEI
ATRÁS DO TRIO ELÉTRICO
A VIDA DO VIAJANTE
BATIDA DIFERENTE
BLOCO DA SOLIDÃO
BONECA
BREJEIRO
CHEIRO DE SAUDADE
CHICA DA SILVA
CHOVE CHUVA
CHUVA, SUOR E CERVEJA
CHUVAS DE VERÃO
CADEIRA VAZIA
CANÇÃO DO AMANHECER
CANTO DE OSSANHA
DA COR DO PECADO
DINDI
DOMINGO NO PARQUE
ELA É CARIOCA
EU SONHEI QUE TU ESTAVAS TÃO LINDA
EXALTAÇÃO À BAHIA
EXALTAÇÃO A TIRADENTES
FÉ
FEITIÇO DA VILA
FOI A NOITE
FOLHAS MORTAS
FORÇA ESTRANHA
GALOS, NOITES E QUINTAIS
HOJE
IMPLORAR
INÚTIL PAISAGEM
JESUS CRISTO
LAMENTOS
LEMBRANÇAS
MARIA NINGUÉM
MARINA
MAS QUE NADA
MEU PEQUENO CACHOEIRO
MEU REFRÃO
MOLAMBO
MULHER RENDEIRA
MORMAÇO
MULHER
NOITE DOS NAMORADOS

NO RANCHO FUNDO
NOVA ILUSÃO
Ó PÉ DE ANJO
OBSESSÃO
ODEON
O DESPERTAR DA MONTANHA
OLHOS VERDES
O MENINO DE BRAÇANÃ
O MUNDO É UM MOINHO
ONDE ESTÃO OS TAMBORINS
O ORVALHO VEM CAINDO
O QUE É AMAR
PAÍS TROPICAL
PASTORINHAS
PIERROT APAIXONADO
PISA NA FULÔ
PRA DIZER ADEUS
PRA FRENTE BRASIL
PRA QUE MENTIR?
PRA SEU GOVERNO
PRIMAVERA (VAI CHUVA)
PROPOSTA
QUASE
QUANDO EU ME CHAMAR SAUDADE
QUEREM ACABAR COMIGO
RANCHO DA PRAÇA ONZE
RETALHOS DE CETIM
RETRATO EM BRANCO E PRETO
RODA VIVA
SÁBADO EM COPACABANA
SAMBA DE ORFEU
SÁ MARINA
SAUDADES DE OURO PRETO
SAUDOSA MALOCA
SE ACASO VOCÊ CHEGASSE
SEGREDO
SEM FANTASIA
TARDE EM ITAPOAN
TATUAGEM
TERRA SECA
TESTAMENTO
TORÓ DE LÁGRIMAS
TRISTEZA
TRISTEZAS NÃO PAGAM DÍVIDAS
ÚLTIMA FORMA
VAGABUNDO
VAI LEVANDO
VAMOS DAR AS MÃOS E CANTAR
VÊ SE GOSTAS
VIVO SONHANDO

VOLUME 3

A BAHIA TE ESPERA
ABRE A JANELA
ADEUS BATUCADA
AGORA É CINZA
ÁGUA DE BEBER
AMADA AMANTE
AMIGA
AQUELE ABRAÇO
A RITA
ASA BRANCA
ASSUM PRETO
A VOLTA DO BOÊMIO
ATIRASTE UMA PEDRA
BARRACÃO
BERIMBAU
BODAS DE PRATA
BOIADEIRO
BOTA MOLHO NESTE SAMBA
BOTÕES DE LARANJEIRA
CAMINHEMOS
CANSEI DE ILUSÕES
CAPRICHOS DE AMOR
CASA DE CABOCLO
CASTIGO
CHORA TUA TRISTEZA
COM AÇÚCAR, COM AFETO
COM QUE ROUPA
CONSELHO
DEBAIXO DOS CARACÓIS DE SEUS CABELOS
DISSERAM QUE EU VOLTEI AMERICANIZADA
DOIS PRA LÁ, DOIS PRA CÁ
ÉBRIO
É COM ESSE QUE EU VOU
ELA DISSE-ME ASSIM (VAI EMBORA)
ESTRELA DO MAR (UM PEQUENINO GRÃO DE AREIA)
EU E A BRISA
EU DISSE ADEUS
EXALTAÇÃO À MANGUEIRA
FALA MANGUEIRA
FAVELA
FOLHETIM
GENERAL DA BANDA
GRITO DE ALERTA
INGÊNUO
LÁBIOS QUE BEIJEI
LOUVAÇÃO
MANIAS
ME DEIXE EM PAZ
MEU BEM, MEU MAL
MEU MUNDO CAIU

MOCINHO BONITO
MORENA FLOR
MORRO VELHO
NA BAIXA DO SAPATEIRO (BAHIA)
NA RUA, NA CHUVA, NA FAZENDA
NÃO TENHO LÁGRIMAS
NEM EU
NESTE MESMO LUGAR
NOITE CHEIA DE ESTRELAS
NOSSA CANÇÃO
O AMOR EM PAZ
O MOÇO VELHO
O PEQUENO BURGUÊS
OPINIÃO
O PORTÃO
O TIC TAC DO MEU CORAÇÃO
PAZ DO MEU AMOR
PEDACINHOS DO CÉU
PIVETE
PONTEIO
POR CAUSA DE VOCÊ MENINA
PRA MACHUCAR MEU CORAÇÃO
PRIMAVERA
PRIMAVERA NO RIO
PROCISSÃO
QUEM TE VIU, QUEM TE VÊ
QUE PENA
QUE SERÁ
REALEJO
RECADO
REZA
ROSA
ROSA DE MAIO
ROSA DOS VENTOS
SAMBA DO ARNESTO
SAMBA DO AVIÃO
SAMBA DO TELECO-TECO
SAMURAI
SAUDADE DA BAHIA
SAUDADE DE ITAPOAN
SE VOCÊ JURAR
SE NÃO FOR AMOR
SÓ LOUCO
TAJ MAHAL
TEM MAIS SAMBA
TRISTEZAS DO JECA
TUDO É MAGNÍFICO
VINGANÇA
VOCÊ
ZELÃO

VOLUME 4

ALÉM DO HORIZONTE
AMOR CIGANO
APENAS UM RAPAZ LATINO AMERICANO
ARGUMENTO
ARRASTA A SANDÁLIA
ATIRE A PRIMEIRA PEDRA
A VOZ DO VIOLÃO
BAIÃO
BAIÃO DE DOIS
BANDEIRA BRANCA
BEIJINHO DOCE
CABELOS BRANCOS
CAMA E MESA
CAMISOLA DO DIA
CANÇÃO DE AMOR
CANTA BRASIL
CASA DE BAMBA
CASCATA DE LÁGRIMAS
COMO É GRANDE O MEU AMOR POR VOCÊ
COMEÇARIA TUDO OUTRA VEZ
COMO DIZIA O POETA
CONVERSA DE BOTEQUIM
COPACABANA
COTIDIANO
CURARE
DELICADO
DESACATO
DE PAPO PRO Á
DE TANTO AMOR
DISRITMIA
DOCE DE CÔCO
DÓ-RÉ-MI
É LUXO SÓ
EVOCAÇÃO
FALTANDO UM PEDAÇO
FEITIO DE ORAÇÃO
GOSTAVA TANTO DE VOCÊ
GOTA D'ÁGUA
JARDINEIRA
LAURA
LEVANTE OS OLHOS
LINDA FLOR
LOBO BÔBO
MANHÃ DE CARNAVAL
MANINHA
MENINO DO RIO
MENSAGEM
MEU CONSOLO É VOCÊ
MIMI
MINHA
MINHA NAMORADA
MINHA TERRA
MULHERES DE ATENAS
NA CADÊNCIA DO SAMBA
NA GLÓRIA
NADA ALÉM
NÃO SE ESQUEÇA DE MIM
NAQUELA MESA
NÃO TEM SOLUÇÃO
NATAL DAS CRIANÇAS
NERVOS DE AÇO
NINGUÉM ME AMA
NONO MANDAMENTO
NUNCA MAIS
O BARQUINHO
O CIRCO
O INVERNO DO MEU TEMPO
OLHA
OLHOS NOS OLHOS
O MAR
O PATO
O PROGRESSO
O QUE EU GOSTO DE VOCÊ
O SAMBA DA MINHA TERRA
O SOL NASCERÁ
O SURDO
OS ALQUIMISTAS ESTÃO CHEGANDO
OS QUINDINS DE YAYÁ
PARA VIVER UM GRANDE AMOR
PASSAREDO
PÉROLA NEGRA
PIERROT
QUANDO
QUEM HÁ DE DIZER
RIO
SAIA DO CAMINHO
SE É TARDE ME PERDOA
SONOROSO
SUGESTIVO
SÚPLICA CEARENSE
TÁ-HI!
TEREZINHA
TEREZA DA PRAIA
TRANSVERSAL DO SAMBA
TRÊS APITOS
ÚLTIMA INSPIRAÇÃO
UPA NEGUINHO
URUBÚ MALANDRO

VOLUME 5

ACALANTO
ACORDA MARIA BONITA
A FONTE SECOU
AGORA NINGUÉM CHORA MAIS
A JANGADA VOLTOU SÓ
ALÔ, ALÔ, MARCIANO
AOS PÉS DA CRUZ
APESAR DE VOCÊ
A PRIMEIRA VEZ
ARRASTÃO
AS CURVAS DA ESTRADA DE SANTOS
A TUA VIDA É UM SEGREDO
AVE MARIA (SAMBA)
AVE MARIA (VALSA)
AVE MARIA NO MORRO
BALANÇO DA ZONA SUL
BASTIDORES
BEM-TE-VI ATREVIDO
BLOCO DO PRAZER
BORANDÁ
BRASILEIRINHO
BRASIL PANDEIRO
CABOCLO DO RIO
CASTIGO
CAMISA LISTADA
CAPRICHOS DO DESTINO
CHOVE LÁ FORA
CHUÁ-CHUÁ
COMO NOSSOS PAIS
CONSTRUÇÃO
COTIDIANO Nº 2
DANÇA DOS SETE VÉUS (SALOMÉ)
DETALHES
DIA DE GRAÇA
DOCE VENENO
DORA
EMÍLIA
ESSE CARA
EU AGORA SOU FELIZ
EU BEBO SIM
EU TE AMO MEU BRASIL
EXPRESSO 2222
FALSA BAIANA
FERA FERIDA
FIM DE CASO
FITA AMARELA
FOI UM RIO QUE PASSOU EM MINHA VIDA
FOLIA NO MATAGAL
GAVIÃO CALÇUDO
GAÚCHO (CORTA JACA)

HOMEM COM H
HOMENAGEM AO MALANDRO
INQUIETAÇÃO
INSENSATEZ
JARRO DA SAUDADE
JOÃO E MARIA
KALÚ
LUA BRANCA
MÁGOAS DE CABOCLO (CABOCLA)
MARIA
MARINGÁ
MEIGA PRESENÇA
MENINA MOÇA
MEU CARIRI
MEU CARO AMIGO
MORENA DOS OLHOS D'ÁGUA
MULATA ASSANHADA
NÃO DEIXE O SAMBA MORRER
NÃO ME DIGA ADEUS
NEGUE
NICK BAR
NINGUÉM É DE NINGUÉM
NUNCA
OCULTEI
O QUE SERÁ (A FLOR DA TERRA)
O SHOW JÁ TERMINOU
O TROVADOR
OUÇA
PALPITE INFELIZ
PENSANDO EM TI
PONTO DE INTERROGAÇÃO
POR CAUSA DE VOCÊ
PRA VOCÊ
QUANDO AS CRIANÇAS SAÍREM DE FÉRIAS
QUE MARAVILHA
RISQUE
RAPAZIADA DO BRAZ
SAMBA DA BENÇÃO
SAUDADE DE PÁDUA
SAUDADE FEZ UM SAMBA
SE QUERES SABER
SÓ COM VOCÊ TENHO PAZ
SORRIS DA MINHA DOR
SUAS MÃOS
TIGRESA
VELHO REALEJO
VOCÊ ABUSOU
VOCÊ EM MINHA VIDA
VOLTA POR CIMA
XICA DA SILVA

VOLUME 6

A BANDA
AS CANÇÕES QUE VOCÊ FEZ PRA MIM
AH! COMO EU AMEI
AI! QUEM ME DERA
ALGUÉM COMO TU
ALGUÉM ME DISSE
ALÔ ALÔ
ANDANÇA
ANOS DOURADOS
AVENTURA
BILHETE
CHARLIE BROWN
CABELOS NEGROS
CACHOEIRA
CAMUNDONGO
CANÇÃO DA MANHÃ FELIZ
CANÇÃO DA VOLTA
CHEGA DE SAUDADE
CHORA CAVAQUINHO
CHOVENDO NA ROSEIRA
CHUVA DE PRATA
COISAS DO BRASIL
COMEÇAR DE NOVO
CORAÇÃO APAIXONADO
CORAÇÃO APRENDIZ
CORAÇÃO ATEU
CORAÇÃO DE ESTUDANTE
CORCOVADO
DÁ-ME
DE VOLTA PRO ACONCHEGO
DEIXA
DEIXA EU TE AMAR
DESAFINADO
É DOCE MORRER NO MAR
ENCONTROS E DESPEDIDAS
ESTA NOITE EU QUERIA QUE O MUNDO ACABASSE
EU SEI QUE VOU TE AMAR
EU SÓ QUERO UM XODÓ
EU TE AMO
ESCRITO NAS ESTRELAS
FLOR DE LIS
ISTO AQUI O QUE É
JURAR COM LÁGRIMAS
KID CAVAQUINHO
LUA E ESTRELA
LUAR DE PAQUETÁ
LUZ DO SOL
MARIA MARIA
MÁSCARA NEGRA
MINHA PALHOÇA (SE VOCÊ QUIZESSE)

MISTURA
MORENA BOCA DE OURO
NANCY
NO TABULEIRO DA BAIANA
NOS BAILES DA VIDA
NOITES CARIOCAS
NOSSA SENHORA DAS GRAÇAS
O "DENGO" QUE A NEGA TEM
O MENINO DA PORTEIRA
O SANFONEIRO SÓ TOCAVA ISSO
O TRENZINHO DO CAIPIRA
OS PINTINHOS NO TERREIRO
ODARA
ORGULHO
OUTRA VEZ
OVELHA NEGRA
PAPEL MARCHÉ
PEDIDO DE CASAMENTO
PEGA RAPAZ
PISANDO CORAÇÕES
PRECISO APRENDER A SER SÓ
PRIMEIRO AMOR
QUE BATE FUNDO É ESSE?
QUERO QUE VÁ TUDO PRO INFERNO
QUIXERAMOBIM
RASGUEI O TEU RETRATO
SABIÁ
SAMBA DE UMA NOTA SÓ
SAMBA DE VERÃO
SAMBA DO CARIOCA
SAMBA DO PERDÃO
SAXOFONE, PORQUE CHORAS?
SE DEUS ME OUVISSE
SE EU QUISER FALAR COM DEUS
SEI QUE É COVARDIA... MAS
SENTADO À BEIRA DO CAMINHO
SERENATA SUBURBANA
SETE MARIAS
SINA
SOLIDÃO
TRISTEZA DANADA
UM A ZERO (1 x 0)
VAI PASSAR
VIDE VIDA MARVADA
VIOLA ENLUARADA
VIOLÃO NÃO SE EMPRESTA A NINGUÉM
VOCÊ E EU
WAVE
ZÍNGARA
ZINHA

VOLUME 7

A FELICIDADE
A MAJESTADE O SABIÁ
A SAUDADE MATA A GENTE
A VOZ DO MORRO
ÁLIBI
ALMA
ANDORINHA PRETA
ANTONICO
AS PRAIAS DESERTAS
AS VOZES DOS ANIMAIS
AVE MARIA
AZUL
AZUL DA COR DO MAR
BABY
BANDEIRA DO DIVINO
BALADA DO LOUCO
BALADA TRISTE
BATUQUE NO MORRO
BEIJO PARTIDO
BOLINHA DE PAPEL
BONECA DE PIXE
BRANCA
CAMISA AMARELA
CANÇÃO DA AMÉRICA
CASA NO CAMPO
CASINHA DA MARAMBAIA
CÉU E MAR
COMO UMA ONDA
COMO VAI VOCÊ
CORAÇÃO APRENDIZ
DAS ROSAS
DE CORAÇÃO PRA CORAÇÃO
DENTRO DE MIM MORA UM ANJO
DESLIZES
DEZESSETE E SETECENTOS
ERREI, ERRAMOS
ESQUINAS
EU DARIA MINHA VIDA
EU TE AMO VOCÊ
ÊXTASE
FICA COMIGO ESTA NOITE
FOI ELA
FOGÃO
GAROTO MAROTO
IZAURA
JUVENTUDE TRANSVIADA
LAMPIÃO DE GÁS
LAPINHA
LEVA MEU SAMBA (MEU PENSAMENTO)
LILÁS

LONDON LONDON
MADALENA
MAMÃE
MARCHA DA QUARTA-FEIRA DE CINZAS
MOÇA
MORO ONDE NÃO MORA NINGUÉM
MUITO ESTRANHO
NADA POR MIM
NADA SERÁ COMO ANTES
NAMORADINHA DE UM AMIGO MEU
NÃO QUERO VER VOCÊ TRISTE
NEM MORTA
NÓS E O MAR
O LADO QUENTE DO SER
O QUE É QUE A BAIANA TEM
O TREM AZUL
OS MENINOS DA MANGUEIRA
PALCO
PÃO E POESIA
PARA LENNON E McCARTNEY
PEDE PASSAGEM
PEGANDO FOGO
PEGUEI UM "ITA" NO NORTE
POEMA DAS MÃOS
PRA COMEÇAR
PRA NÃO DIZER QUE NÃO FALEI DAS FLORES
QUEM É
QUEM SABE
RAPAZ DE BEM
RECADO
ROQUE SANTEIRO
ROSA MORENA
ROTINA
SAMPA
SANGRANDO
SAUDADES DE MATÃO
SEDUZIR
SÓ EM TEUS BRAÇOS
SÓ TINHA DE SER COM VOCÊ
SORTE
TELEFONE
TEMA DE AMOR DE GABRIELA
TRISTE MADRUGADA
UM DIA DE DOMINGO
UM JEITO ESTÚPIDO DE TE AMAR
UMA NOITE E MEIA
VAGAMENTE
VOCÊ É LINDA
VOLTA
XAMEGO

VOLUME 8

A LENDA DO ABAETÉ
A LUA E EU
A VOLTA
ADOCICA
AGUENTA CORAÇÃO
AI! QUE SAUDADES DA AMÉLIA
AMANHÃ
AMÉRICA DO SUL
ANTES QUE SEJA TARDE
AZULÃO
BACHIANAS BRASILEIRAS nº4
BAHIA COM H
BANDOLINS
BANHO DE CHEIRO
BEATRIZ
BOI BUMBÁ
CAIS
CANÇÃO DA CRIANÇA
CANÇÃO DO AMOR DEMAIS
CODINOME BEIJA-FLOR
COM MAIS DE 30
COMUNHÃO
CORAÇÃO DE PAPEL
DANÇANDO LAMBADA
DESABAFO
DESESPERAR JAMAIS
DISPARADA
DONA
EGO
ESMOLA
ESPANHOLA
ESPINHA DE BACALHAU
ETERNAS ONDAS
EU DEI
EU NÃO EXISTO SEM VOCÊ
FACEIRA
FÃ Nº 1
FANATISMO
FARINHADA
FLOR DO MAL
FOI ASSIM
FORRÓ NO CARUARÚ
FRACASSO
FUSCÃO PRETO
GOSTOSO DEMAIS
GITA
HINO DO CARNAVAL BRASILEIRO
ILUSÃO À TOA
ISTO É LÁ COM SANTO ANTÔNIO
JURA SECRETA

LÁBIOS DE MEL
LEVA
LINHA DO HORIZONTE
LUA E FLOR
LUZ NEGRA
ME CHAMA
MEIA LUA INTEIRA
MERGULHO
MEU QUERIDO, MEU VELHO, MEU AMIGO
MEU MUNDO E NADA MAIS
MEXERICO DA CANDINHA
MUCURIPE
NA BATUCADA DA VIDA
NA HORA DA SEDE
NA SOMBRA DE UMA ÁRVORE
NÓS QUEREMOS UMA VALSA
NUVEM DE LÁGRIMAS
O AMANHÃ
O HOMEM DE NAZARETH
OLÊ - OLÁ
O MESTRE SALA DOS MARES
O SAL DA TERRA
OCEANO
ONDE ESTÁ O DINHEIRO?
O XÓTE DAS MENINAS
PEDRO PEDREIRO
PEQUENINO CÃO
PIOR É QUE EU GOSTO
PODRES PODERES
QUEM AMA, NÃO ENJOA
REALCE
REVELAÇÃO
SÁBADO
SAIGON
SAUDADE
SEM COMPROMISSO
SCHOTTIS DA FELICIDADE
SIGA
SURURÚ NA CIDADE
TALISMÃ
TEM CAPOEIRA
TETÊ
TIETA
UMA LOIRA
UMA NOVA MULHER
UNIVERSO NO TEU CORPO
VERDADE CHINESA
VIDA DE BAILARINA
VOCÊ JÁ FOI À BAHIA?
VITORIOSA

VOLUME 9

- A COR DA ESPERANÇA
- A PAZ
- ACONTECE
- ACONTECIMENTOS
- ADMIRÁVEL GADO NOVO
- AMOR DE ÍNDIO
- AMOROSO
- AOS NOSSOS FILHOS
- APARÊNCIAS
- ARREPENDIMENTO
- AVES DANINHAS
- BAIÃO CAÇULA
- BAILA COMIGO
- BANHO DE ESPUMA
- BEIJA-ME
- BIJUTERIAS
- BOAS FESTAS
- BOM DIA TRISTEZA
- BRIGAS NUNCA MAIS
- BRINCAR DE VIVER
- CÁLICE
- CASINHA BRANCA
- CASO COMUM DE TRÂNSITO
- CHOROS Nº 1
- COISA MAIS LINDA
- COMEÇO, MEIO E FIM
- CORAÇÃO LEVIANO
- CORRENTE DE AÇO
- DÁ-ME TUAS MÃOS
- DE ONDE VENS
- DEVOLVI
- DOLENTE
- E NADA MAIS
- E SE
- ESPELHOS D'ÁGUA
- ESPERE POR MIM, MORENA
- ESTÁCIO HOLLY ESTÁCIO
- ESTRANHA LOUCURA
- EU APENAS QUERIA QUE VOCÊ SOUBESSE
- FACE A FACE
- FAZ PARTE DO MEU SHOW
- FÉ CEGA, FACA AMOLADA
- FEIA
- FEIJÃOZINHO COM TORRESMO
- FIM DE NOITE
- FITA MEUS OLHOS
- FOI ASSIM
- FOTOGRAFIA
- GUARDEI MINHA VIOLA
- HOMENAGEM A VELHA GUARDA
- IDEOLOGIA
- ILUMINADOS
- JOU-JOU BALANGANDANS
- LAMENTO NO MORRO
- LINDO BALÃO AZUL
- LINHA DE PASSE
- MALUCO BELEZA
- MANHÃS DE SETEMBRO
- MANIA DE VOCÊ
- MEDITAÇÃO
- MEU DRAMA
- MINHA RAINHA
- MORRER DE AMOR
- NOSTRADAMUS
- O POETA APRENDIZ
- O TREM DAS SETE
- OLHE O TEMPO PASSANDO
- ORAÇÃO DE MÃE MENININHA
- PEDAÇO DE MIM
- PEGUEI A RETA
- PELO AMOR DE DEUS
- PERIGO
- POXA
- PRANTO DE POETA
- PRECISO APRENDER A SÓ SER
- PRELÚDIO
- PRELÚDIO Nº 3
- PRO DIA NASCER FELIZ
- QUALQUER COISA
- QUANDO O TEMPO PASSAR
- RANCHO DO RIO
- RATO RATO
- RENÚNCIA
- RIO DE JANEIRO (ISTO É MEU BRASIL)
- SAUDADE QUERIDA
- SEM PECADO E SEM JUÍZO
- SENTINELA
- SEPARAÇÃO
- SEREIA
- SERENATA DA CHUVA
- SOL DE PRIMAVERA
- SOMOS IGUAIS
- SONHOS
- SORRIU PRA MIM
- TELETEMA
- TODA FORMA DE AMOR
- TODO AZUL DO MAR
- TRISTEZA DE NÓS DOIS
- UM SER DE LUZ
- UMA JURA QUE FIZ

VOLUME 10

A LUA QUE EU TE DEI
A MULHER FICOU NA TAÇA
A TERCEIRA LÂMINA
ACELEROU
ALVORECER
AMAR É TUDO
ASSIM CAMINHA A HUMANIDADE
AVE MARIA DOS NAMORADOS
BLUES DA PIEDADE
BOM DIA
BYE BYE BRASIL
CALÚNIA
CASO SÉRIO
CHORANDO BAIXINHO
CHUVA
CIGANO
CIRANDEIRO
CLUBE DA ESQUINA Nº 2
COISA FEITA
COR DE ROSA CHOQUE
CORAÇÃO VAGABUNDO
DEUS LHE PAGUE
DEVOLVA-ME
DIVINA COMÉDIA HUMANA
DOM DE ILUDIR
É DO QUE HÁ
É O AMOR
ENTRE TAPAS E BEIJOS
ESPERANDO NA JANELA
ESQUADROS
ESTE SEU OLHAR
ESTRADA AO SOL
ESTRADA DA VIDA
EU VELEJAVA EM VOCÊ
FEITINHA PRO POETA
FEZ BOBAGEM
FORMOSA
FULLGAS
GOOD BYE BOY
INFINITO DESEJO
IRACEMA
JOÃO VALENTÃO
JUÍZO FINAL
LANÇA PERFUME
LATIN LOVER
LEÃO FERIDO
LUA DE SÃO JORGE
LUZ E MISTÉRIO
MAIS FELIZ
MAIS UMA VALSA, MAIS UMA SAUDADE
MALANDRAGEM
MENTIRAS
METADE
METAMORFOSE
MINHA VIDA
MINHAS MADRUGADAS
NÃO ME CULPES
NÃO TEM TRADUÇÃO
NAQUELA ESTAÇÃO
NÚMERO UM
O QUE É, O QUE É
O QUE TINHA DE SER
O SONHO
O TEMPO NÃO PARA
OBA LA LA
ONTEM AO LUAR
OURO DE TOLO
PARTIDO ALTO
PAU DE ARARA
PEDACINHOS
PELA RUA
PENSAMENTOS
PODER DE CRIAÇÃO
POR CAUSA DESTA CABOCLA
POR ENQUANTO
POR QUEM SONHA ANA MARIA
PORTA ESTANDARTE
PRA QUE DINHEIRO
PRAÇA ONZE
PRECISO DIZER QUE TE AMO
PRECISO ME ENCONTRAR
PUNK DA PERIFERIA
RAINHA PORTA-BANDEIRA
RESPOSTA AO TEMPO
RIO
SE...
SEI LÁ A VIDA TEM SEMPRE RAZÃO
SENTIMENTAL DEMAIS
SERENATA DO ADEUS
SINAL FECHADO
SÓ PRA TE MOSTRAR
SOZINHO
SUAVE VENENO
TRISTE
VALSA DE REALEJO
VIAGEM
VILA ESPERANÇA
VOCÊ
VOU VIVENDO